웰니스·치유 트렌드 2026

Wellnes·Healing Trends 2026

추천의 글

| 웰니스 전문가 13인이 전하는 마음의 비타민

우리나라는 높은 경제성장률과 국민소득을 자랑하고 있지만, 국제적인 기준으로 보는 국민의 삶의 질은 여전히 낮게 평가되고 있습니다. 치열한 경쟁과 도전이 경제적인 부를 일궜지만, 한편으로 자신과 가족의 건강과 행복을 돌볼 여유는 없었기 때문입니다.

스트레스로 인한 번아웃, 가족 구성원 간의 갈등, 소통 부족으로 나타나는 집단 대립이 갈수록 치열해져 개인에게 상처를 남기고 나아가 사회를 병들게 하고 있습니다. 실제 경제협력개발기구(OECD) 국가 중 한국은 주관적 웰빙 수준이 하위에 속하고, 동아시아에서조차 일본과 비슷한 중간 수준에 머물고 있습니다. 실로 마음의 치유가 필요한 시대입니다.

이번에 출간된 『웰니스·치유 트렌드 2026』은 개인뿐 아니라 우리 사회가 간절히 필요로 하는 힐링 치유서라고 할 수 있습니다. 누구나 심신의 안녕과 행복을 추구합니다. 하지만 웰니스로 가는 길을 모르고 방법에 무지하다면 그것은 구두선, 즉 빈말일 뿐입니다. 이 책은 웰니스 전문가 13인이 참여해 치유의 길을 알려 줍니다. 글쓴이들은 이론뿐 아니라 웰니스 현장에서 20년 이상의 경험과 시행착오를 거치며 각자의 전문 영역을 쌓아 온 명망가들입니다.

한편으로 시니어들에게도 훌륭한 지침서가 됩니다. 시니어의 폭발적인 증가는 '장수경제(The Longevity Economy)'라는 새로운 용어를 탄생시켰습니다. 장수경제의 핵심이 바로 웰니스 산업입니다. 이 책은 이러한 웰니스 산업의 방향을 짚어 냅니다. 그리고 노년을 맞는 이들에게 외로움과 고립감을 어떻게 피할 수 있는지, 타인과의 소통 방식과 라이프스타일, 주거 형태는 어떠해야 하는지 친절하게 소개합니다. 초고령화 시대를 맞아 노년층을 대상으로 비즈니스를 일구고 있는 기업인에게도 일독을 권합니다.

우리 사회는 '질병 치료 시대'에서 '예방과 건강 관리의 시대'로 진입했습니다. 예방과 건강 관리의 핵심은 웰니스와 치유입니다. 이 책이 지친 심신을 보듬어 주고, 병든 세포에 활력을 불어넣어 주는 비타민이 될 것으로 믿어 의심치 않습니다.

한국시니어라이프협회 회장 고종관(의학전문기자)

| 최근 마케팅 트렌드의 핵심은 '회복'과 '지속가능성'입니다

소비자는 이제 단순한 제품이 아니라 자신을 돌보는 경험과 정서적 만족을 추구합니다. 그런 의미에서 '웰니스'는 건강 이슈를 넘어 소비자의 일상과 욕망을 관통하는 강력한 마케팅 키워드가 되었습니다.

『웰니스·치유 트렌드 2026』은 이러한 흐름을 장수와 건강한 노화, 글리머, 스마트 웰니스 라이프스타일 등 아홉 가지 키워드로 풀어냅니다. 마케터라면 반드시 주목해야 할 인사이트입니다. 특히 초고령화 사회 진입과 MZ세대의 웰빙 지향성은 브랜드 전략의 중요한 전환점을 요구하고 있습니다.

이 책은 웰니스의 현재를 짚고, 미래 소비자를 이해하는 데 탁월한 길잡이가 될 것입니다. 시장의 변화를 읽고 새로운 기회를 찾는 마케터에게 강력히 추천합니다.

적정마케팅연구소 대표 김철환(한국금융연수원 겸임교수)

| 죽음을 마주하며 찾은 웰니스의 진정한 가치

　죽음과 가장 가까운 곳에서 일하는 의사인 제게 웰니스와 치유의 가치는 깊은 울림을 줍니다. 20여 년간 말기암 환자와 파킨슨병 환자들을 치료하며 목격한 수많은 죽음의 순간들은 역설적으로 삶의 가치와 웰니스의 중요성을 일깨워 주었습니다.
　이 책이 제시하는 웰니스는 단순한 유행이 아니라 현대인의 필수 요소입니다. "죽음을 똑바로 볼수록 삶은 더 선명해진다"는 제 신념처럼 웰니스는 삶의 유한함을 인식할 때 비로소 진정한 가치가 드러납니다. 전문가들이 제시하는 장수와 건강한 노화, 글리머, 장 건강 등의 개념은 우리가 죽음을 인식하고 더욱 충만한 삶을 살 수 있는 실질적인 방향을 제시합니다.

　이 책은 질병 예방을 넘어 삶의 행복 추구라는 본질적 가치를 놓치지 않는 점이 인상적입니다. 환자들의 마지막 순간에서 깨달은 것은 결국 웰니스란 몸과 마음의 조화로운 균형이며, 삶의 질을 높이는 총체적 접근이라는 사실입니다.
　죽음을 가까이서 지켜본 의사로서 말씀드립니다. 웰니스는 스쳐 지나가는 유행이 아니라 우리 삶의 근본적인 토대입니다. 이 책을 통해 독자 여러분이 자신의 삶을 더 선명하게 바라보고, 건강하고 행복한 일상을 실현하는 지혜를 얻으시길 진심으로 바랍니다.

　　　　　『죽음 공부』의 저자, 신경외과·방사선종양학과 전문의 박광우

| 감정노동의 최전선에서 웰니스를 만나다

　매일 쏟아지는 민원 전화, 120다산콜은 하루 평균 2만여 건의 행정 상담을 수행합니다. 시민들의 불편을 해소하고 어려움을 덜어드리는 보람된 일이지만, 때때로 날 선 감정들을 고스란히 감내하는 감정노동의 현장이기도 합니다.

　저 역시 120다산콜의 책임자로서 상담사들의 고충을 누구보다 잘 알고 있습니다. 스트레스와 격무에 지쳐 가는 상담사들을 보며 어떻게 하면 이들의 마음을 어루만지고 건강한 삶을 지켜 줄 수 있을까 끊임없이 고민합니다.

　『웰니스·치유 트렌드 2026』은 단순한 건강 관리법을 넘어 현대인의 삶에 깊숙이 자리 잡은 웰니스의 중요성을 다양한 각도에서 바라봅니다. 특히 스트레스 해소와 심리적 안정에 초점을 맞춘 치유 키워드는 감정노동에 시달리는 상담사들에게 실질적인 도움을 줄 수 있을 듯합니다.

　매일 감정의 롤러코스터를 타는 상담사 모두에게, 그리고 그들을 지지하고 응원해야 하는 관리자들에게 일독을 권합니다. 이 책을 통해 건강하고 행복한 삶을 위한 웰니스 여정을 시작하시기 바랍니다.

서울특별시 120다산콜재단 이사장 **이이재**

| 현대 의료의 패러다임은 '치료'에서 '예방'과 '삶의 질 향상'으로

생화학 분야와 유전자학의 발달은 이제 개인 맞춤형 치료, 질환 예방과 더불어 개인에 따른 생활습관 처방으로 더욱 발달한 모습을 보여 줄 전망입니다. 비뇨기과 영역에서는 고령화에 따른 남성 갱년기, 전립선 건강, 요실금, 성 건강 등 생명을 위협하는 질환의 치료를 넘어 치료 이후의 웰니스에 관한 관심이 의료인뿐만 아니라 환자와 사회 전반으로 높아지고 있습니다. 이는 단순한 질환 관리가 아니라 전인적 건강 관리로의 확장을 의미합니다.

이 책은 이러한 시대적 흐름을 깊이 있게 반영했습니다. 의료 현장에서 환자와 직접 마주하는 저에게도 큰 울림을 줍니다. 웰니스 시장의 최신 흐름과 소비자 행동, 그리고 건강 수명 연장을 위한 구체적인 방향을 제시함으로써 환자 중심의 맞춤형 진료와 연계한 의료 서비스 개발에도 유용한 통찰을 제공합니다.

비뇨기과 의사로서 저는 이 책이 의료인뿐만 아니라 웰니스를 기반으로 한 헬스케어 서비스, 제품, 솔루션을 고민하는 모든 분께 꼭 필요한 지침서가 될 것이라 확신합니다. 특히 중장년층 남성 환자들의 건강 니즈를 다각도로 이해하고 대응하는 데 훌륭한 참고 자료가 돼 줄 것입니다.

동국대 일산병원 비뇨의학과 교수 **배정범**

Contents

| 추천의 글 2
| 프롤로그 | 웰니스·치유 트렌드 2026을 만나는 순간 12
  : 편저자 - 추영준
   『웰니스·치유 트렌드 2026』이 궁금한 당신에게:
   급변하는 웰니스 시장에서 비즈니스 기회를 제시하다

1부 | 웰니스·치유의 시대_행복을 찾는 여러분에게 26

1장. 웰니스·치유란 무엇인가? - 고운실 28
  01. 웰니스의 시작, 면역과 항상성의 균형
     질병 치료에서 삶의 질 향상으로, 웰니스가 제시하는 새로운 패러다임
  02. 삶의 균형을 찾아서: 신체, 정신, 자연, 그리고 기술의 조화
     웰니스 영역별 개념과 실천 방법, 비즈니스 모델까지 총망라

2장. 암(癌) 경험자를 위한 웰니스 케어 - 이재원 45
  03. 몸의 화학적 가치, 그 이상의 이야기: 웰니스로 완성하는 삶
     세포에서 사회적 존재로, 건강의 개념을 웰니스로 확장하다
  04. 암과의 동행: 환자의 주권, 의료 시스템, 그리고 희망의 끈
     암 치료 과정, 환자의 역할, 가족의 중요성, 웰니스의 통합적 접근

3장. 요가와 명상, 심신의 조화를 이루는 고대 웰니스 기법 - 고한철 61
  05. 요가, 몸과 마음을 잇는 고대의 지혜를 넘어선 심오한 가치
     300만 요가 인구 시대, 애슬레저룩의 인기 뒤에 숨겨진 요가의 역사와
     철학적 의미 재조명
  06. 명상, 고대 수행부터 현대 비즈니스까지: 마음챙김의 진화
     2억 7500만 명이 즐기는 명상, 불교 명상에서 웰니스 산업까지

2부 | 웰니스 라이프스타일_건강하게 잘 지냅니다   80

4장. 해양 치유, 웰니스 관광의 새로운 지평을 열다 - 허동수   82
07. 뜨끈한 해수 온천과 겨울 바다, 한국형 해양 치유 본격 시동
프랑스 생말로의 성공 비결을 넘어 바다의 힘으로 세계 시장을 열다
08. 테일러 스위프트부터 웰니스까지, 관광 트렌드의 진화: 경험과 힐링을 찾아서
단순한 명소 관광을 넘어 콘텐츠와 웰니스가 중심이 되는 새로운 여행 시대

5장. 내 몸을 이해하는 웰니스 식생활 - 김병윤·김세규   95
09. 약식동원(藥食同源), 건강의 뿌리를 찾아: 올바른 식습관 찾기
소화 과정부터 영양소 섭취까지, 건강한 식생활의 기본 과정
10. 초가공식품, 달콤한 유혹에 숨겨진 위험: 저속 노화 식단으로
가속 노화의 주범, 초가공식품의 위험성과 건강한 식습관으로의 전환

6장. 자연을 꿈꾸는 푸른 웰니스 공간 - 황연재   107
11. 도시인의 지친 마음을 어루만지다: 치유 농업 13만여 명 체험
농업의 새로운 가능성, 힐링을 넘어 사회적 가치 창출까지
12. 콘크리트 정글 속 오아시스: 바이오필릭 디자인과 도시농업
스트레스 해소와 웰니스, 자연과의 조화로운 공존을 위한 도시의 변화

7장. 함께 소통하는 사회적 웰니스 비즈니스 인사이트 - 박미량   135
13. 디지털 시대의 외로움, 감성 기술로 치유하다
고독과 고립에서 벗어나 사회적 연결을 증진하는 감성 기술과
비즈니스 모델 탐색
14. 관계를 디자인하다: 미국 국립보건원 점검표부터 파크골프까지
사회적 웰니스를 추구하는 소셜네트워크와 비즈니스 모델

8장. 시니어 인구 1천만 명 시대, 소비 시장이 뒤집힌다 - 김주원   154
15. 소비 시장의 주역으로 부상: 기업들의 시니어 시프트 전략은?
경제력을 갖춘 액티브 시니어의 라이프스타일 분석과 소비 트렌드를
예측하다
16. 노년의 '공간 이동', 피할 수 없는 현실: 집, 병원, 요양원 어디로 가야 할까?
질병과 사고로 임종을 맞이하는 여정, 마무리를 위한 선택과 준비

3부 | 웰니스를 위한 오감 여행_몸과 마음을 어루만지다 ······ 178

9장. 향기로 떠나는 여행: 아로마테라피, 행복한 자극 - 장은주 ······ 181

17. 고대 이집트에서 현대 산업까지, 향기로 치유하는 아로마테라피의 무한한 가능성
    후각을 자극하는 치유의 역사와 에센셜 오일의 성장을 기대하다

18. '아로마의 힘', 아로마테라피, 향기로 기억을 깨우고 감정을 치유하다
    나에게 맞는 향은? 개인 맞춤형 아로마의 선택과 안전한 사용법

10장. 사운드 테라피, 소리로 공명하다 - 박선미 ······ 192

19. 사운드 테라피, 소리의 파동으로 몸과 마음을 치유하다
    원시시대, 생존 본능의 DNA부터 현대 과학적 접근까지

20. 뇌파에서 슬립테크까지, 소리가 치유하는 세상
    집중력, 수면 장애, 사운드스케이프, 새로운 가능성을 열다

11장. 컬러 테라피, 빛과 색, 감정의 연결 고리 - 성춘매 ······ 205

21. 계절 변화와 음양오행, 색깔로 삶을 디자인하다
    중국의 양생 트렌드 3200조 원 시장, 중국 Z세대를 주목하다

22. 도파민 컬러부터 아유르베다까지, 색채에 주목하는 중국 기업
    웰니스 산업의 새로운 동력, 컬러 열풍을 조망한다

| 에필로그_ 웰니스와 치유, 삶의 마지막 순간까지 ······ 222
  웰니스 라이프스타일, 질병을 넘어 행복한 삶을 위한 길잡이
  질병의 고통을 넘어 삶의 마지막 순간까지 함께하는 웰니스 동행

| 참고문헌 ······ 230
| 부록 1. 대한민국 웰니스·치유 트렌드 변화의 흐름 ······ 238
| 부록 2. 웰니스 자기 점검표: 진단 및 개선 가이드 ······ 244
| 추천의 글 ······ 250

쉼과 여유

프롤로그
웰니스·치유 트렌드 2026을 만나는 순간
편저자: 추영준

『웰니스·치유 트렌드 2026』이 궁금한 당신에게:
급변하는 웰니스 시장에서 비즈니스의 기회를 제시하다

『웰니스·치유 트렌드 2026』은 급변하는 웰니스 시장의 최신 트렌드를 분석하여 기업의 비즈니스 기회 창출을 위한 주요 키워드를 알려 주며, 동시에 다가올 산업 전망까지 짚는다.

웰니스, 삶의 중심을 향하다

"소비자들은 자신의 건강에 엄청난 관심을 쏟고 있으며, 관련 기업들이 건강 관리에 과학적이고 효과적인 솔루션을 제시해 줄 것을 기대한다."

글로벌 컨설팅 기업 매킨지가 2024년 발표한 '웰니스의 미래' 설문 조사 결과는 현대 사회에서 웰니스가 얼마나 중요한 위치를 차지하는지 보여 준다. 미국, 영국, 중국 전역에서 5000명 이상의 소비자를 대상으로 진행한 이 조사에서 웰니스 시장은 폭발적인 성장 가능성으로 주목받았다.

미국 웰니스 시장은 연간 5~10%씩 성장하며 4800억 달러 규모에 도달했다. 또한 소비자의 82%가 일상생활에서 웰니스를 최우선으로 꼽았다. 영국(73%)과 중국(87%) 역시 웰니스가 소비 중심에 자리 잡고 있다고 보고했다. 특히 글로벌 웰니스 시장의 규모는 약 1조 8000억 달러(약 2500조 원)에 이르렀다. 이러한 천문학적 수치는 웰니스가 단순한 유행이 아니라 삶의 방식으로 자리 잡았음을 시사한다.

이러한 흐름은 웰빙(Wellbeing), 행복(Happiness), 건강(Fitness)이 결합한 웰니스(Wellness)라는 개념이 현대인의 삶에서 얼마나 중요한 위치를 차지하는지 보여 준다. 웰니스는 신체적·정신적·사회적 건강이 조화를 이루는 이상적인 상태를 의미하는데, 웰니스 분야의 아버지로 불리는 미국의 헐버트 던 박사가 1961년 그 중요성을 강조하면서 주목받기 시작했다. 이제 웰니스는 단순한 학술적 개념을 넘어 일상과 비즈니스의 중심에 깊숙이 자리 잡았다. 일상에 지친 현대인은 본능적으로 건강하고 행복한 삶을 추구하며, 이를 충족하기 위한 제품과 서비스를 갈구한다. 바로 이러한 소비자 욕구 때문에 모든 기업이 주목하는 영역으로 떠올랐다.

기대수명 증가에 따른 웰니스 산업의 급성장

우리나라는 국민의 기대수명이 83.6세로 경제협력개발기구(OECD) 국가 중에서도 높은 편에 속한다. OECD에 따르면 1970년 63.3세였던 기대수명이 불과 50년 만에 20.3년이나 늘어난 나라는 대한민국이 유일하다. 이는 전 세계가 주목할 만한 성과이지만, 급격히 늘어난 기대수명과 이에 따른 고령화 현상은 의료 비용을 증가시켰다. 더불어 웰니스 시장에서 소비자 수요를 급격하게 창출하는 상황을 야기했다. 다행히 관련 산업은 이러한 급성장에 발맞춰 숨가쁘게 쫓아가고 있지만, 정부 정책이나 비즈니스 현장에서는 적절한 대응을 하지 못하며 상당한 어려움을 겪고 있다.

 2022년 글로벌웰니스연구소(GWI)는 우리나라 웰니스 산업 규모를 세계 9위 수준인 약 1130억 달러(약 150조 원)로 발표했다. 엄청난 시장 규모이지만, 동시에 건강보험 진료비가 100조 원을 넘어 국민 부담으로 다가오고 있다. 이 중 절반 이상이 65세 이상 고령자들에게 집중된 사실은 간과할 수 없는 문제가 됐다. 이미 정부는 기존의 질병 치료 중심에서 벗어나 예방과 건강 증진을 강조하는 정책 전환에 무게를 두고 있다. 이제는 단순히 병을 치료하는 것을 넘어 삶의 질을 높이고 건강을 지키는 웰니스 중심의 접근이 필요한 시대로 접어들었다.

웰니스 트렌드 2026, 큰 흐름을 조망하다
 이러한 변화에 발맞춰 헬스케어, 뷰티케어, 운동, 영양·식습관, 기능의학, 자연의학 등 관련 산업이 급성장하고 있다. 특히 급격히 늘어나는 시니어 인구 증가는 웰니스 수요 증가로 연결되면서 정부와 기업 모두가 해결해야 할 중요한 과제로 떠올랐다. 웰니스는 현대인의 삶을 풍요롭게 하는 핵심 키워드가 됐고, 산업 전반에 걸쳐 새로운 비즈니스 기회를 창출하는 중심에 섰다.

 매킨지는 웰니스 산업의 미래를 이끌 핵심 성장 영역으로 ①여성 건강, ②건강한 노화, ③체중 관리, ④대면 피트니스, ⑤장 건강, ⑥

성 건강, ⑦수면 등 일곱 가지를 제시했다. 이 키워드들은 소비자들의 관심과 기술적 혁신이 집중되는 분야이다. 이러한 성장 영역은 만성질환의 증가, 신기술 발전, 그리고 소비자들의 건강 의식 강화라는 트렌드와 맞물려 산업 전반의 비약적 성장을 예고한다.

[그림 1] 웰니스 산업의 미래를 이끌 일곱 가지 핵심 성장 영역

세계적인 시장조사회사 유로모니터는 2025년 주목해야 할 키워드로 '건강수명'을 꼽았고, 일본의 라쿠텐은 '스트레스'를 핵심 소비 키워드로 제시했다. 스트레스를 해소하는 상품이 소비자의 우선 선택을 받을 것이라는 전망을 담았다. 글로벌 트렌드 정보 서비스 기업 WGSN은 '글리머(Glimmer)'라는 키워드를 제시하며 소비자들이 작은 기쁨의 순간을 추구할 것이라고 예측했다.

효성 패션디자인센터(FDC)는 '원기 회복 여행'을 주제로 한 '2026/27 F/W 섬유 트렌드 보고서'에서 웰니스 여행, 조용한 아웃도어, 생태적 책임 등이 2026년 소비자들 사이에 유행할 키워드라고 밝혔다. 2025년 하반기부터 2026년의 큰 흐름은 웰니스와 심리적 안정, 그리고 개인적 행복을 중심으로 소비자의 마음을 사로잡을 수 있는 방향으로 나아갈 것이라고 전망한다.

아홉 가지 핵심 키워드로 읽는 웰니스 트렌드 2026

『웰니스·치유 트렌드 2026』에서는 다가오는 웰니스 시장을 이끌어 갈 핵심 키워드 아홉 가지를 선정했다. 이 키워드들은 소비자 수요를 파악하고, 그들의 라이프스타일에 영향을 미치는 흐름을 반영하여 수차례의 전문가 회의를 통해 정했다.

1) 장수와 건강한 노화

'장수와 건강한 노화'는 그저 오래 산다는 의미를 넘어 삶의 질을 유지하며 건강하게 늙어 가는 것을 목표로 한다. 기대수명의 증가로 노화 예방과 활력 유지에 관한 관심이 커지면서 항산화 식품, 기능성 화장품, 개인 맞춤형 헬스케어 서비스, 재생의학 등이 주목받고 있다. 유전자 분석 기반 건강 관리와 같은 혁신 기술이 발전하며 예방적 접근과 통합적 웰니스 관리를 소비자 트렌드로 주목한다.

2) 글리머(Glimmer)

심리치료사 뎁 다나가 제안한 개념으로, '작은 기쁨의 순간'을 의미한다. 이 단어는 소비자가 일상에서 소소한 즐거움과 긍정적 경험을 통해 불안과 스트레스를 극복하는 유행을 보여 준다. 예를 들어

촉각과 감성을 자극하여 심리적 안정을 느끼게 하는 상품이나 저렴한 가격으로 소소한 제품과 서비스를 구매하는 유행을 가리킨다. 글리머는 불확실성과 스트레스가 가득한 현대사회에서 마음의 평화를 찾기 위해 추구하는 작은 행복의 상징으로 자리한다.

3) 체중 감량 약물 관련 웰니스

위고비(Wegovy)와 오젬픽(Ozempic)은 비만과 당뇨를 위해 개발된 약물이다. 이 약물은 식욕을 억제하고 혈당을 조절하며 비만 관리와 당뇨병 치료에 사용한다. 오젬픽은 당뇨병 치료제로 시작했지만, 체중 감량 효과로 주목받았다. 여기에서 출발한 위고비는 체중 감량 용량을 늘려서 만든 약품이다. 국내 판매를 시작하며 관심이 커졌다. 최근 약물 복용을 중단하면 체중이 다시 증가하는 요요 현상이 보고되고 있다. 이를 예방하기 위해서는 건강한 식단, 운동, 스트레스 관리, 숙면, 전문가 상담 등 웰니스 활동 병행이 중요하다. 이러한 약물과 웰니스의 결합은 체중 감량 시장의 새로운 트렌드로 떠오른다.

4) 조용함과 수면 투어리즘

'조용함'과 '수면'에 주목한다. 조용한 여행은 소음과 복잡한 자극에서 벗어나 심리적 안정과 내면의 평화를 찾는 여행 형태다. 자연 속 명상과 디지털 디톡스가 핵심이다. 번잡한 도시보다는 시골의 한적하고 고요한 공간을 찾는 여행이다. 수면 여행은 수면의 질을 높이는 환경과 숙면 프로그램에 초점을 맞춘다. 자연 속에서 글램핑, 수면 명상, 숙면 요가 프로그램 등이 포함된 여행 패키지들이 인기리에 순항하고 있다.

5) 초가공식품(UPF)

초가공식품(UPF)은 자연적인 상태에서 크게 벗어나 인공적인 첨가물, 방부제, 색소, 감미료 등을 다량 포함하여 공장에서 대량 생산되는 식품을 말한다. 흔히 먹는 스낵, 즉석 조리식품, 탄산음료, 가공육 등이 대표적이다. 초가공식품은 편리함과 맛으로 현대인의 식생활에 깊숙이 자리 잡았다. 지나친 초가공식품의 섭취가 비만, 당뇨, 심혈관질환 등 각종 질병과 연관이 있다는 연구가 쏟아져 나온다. 소비자들은 초가공식품의 위험성을 인식하며 건강과 맛을 동시에 만족시키는 비가공 또는 최소가공 식품을 적극적으로 찾고 있다.

6) 장 건강

장(腸)은 소화기관을 넘어 면역력과 정신건강에까지 영향을 미치는 역할을 한다. 특히 장과 뇌를 연결하는 장뇌축(Gut-Brain Axis) 이론이 주목받으면서 프로바이오틱스와 같은 유산균 제품, 발효 음식, 섬유질이 풍부한 식단 등이 인기를 끌고 있다. 장내 미생물 분석을 통해 맞춤형 영양제를 제공하는 서비스와 소화를 돕는 기능성 음료 등도 주목받고 있다. 장 건강은 전반적인 웰니스 관리의 핵심 요소로 자리 잡았다.

7) 헬시 플레저(Healthy Pleasure)

건강과 즐거움을 동시에 추구하는 트렌드를 가리킨다. 건강을 위한 활동이라면 즐거움을 잃지 않으려는 소비자의 욕구에서 출발한 이 유행은 스트레스 해소와 삶의 질 향상에 관한 관심 증가와 맞물려 확산하는 추세다. 식음료 업계의 제로 슈거 음료, 고단백·저칼로리 닭가슴살 제품 등이 판매되고 있다. 당분간은 헬시 플레저가 건강과 라이프스타일의 균형을 중시하는 소비자들 사이에서 꾸준히 인기를 얻을 것으로 보인다.

8) 기업 웰니스 프로그램의 진화

현대 기업의 웰니스 프로그램은 단순한 복지를 넘어 직원들의 신체적·정신적 건강을 모두 지원하는 방향으로 진화하고 있다. 업무 생산성과 삶의 질을 동시에 높이는 전략적 투자로 판단하기 때문이다. 과거에는 운동 시설 제공과 건강검진 정도에만 초점을 맞췄지만, 현재는 스트레스 완화, 정신건강 관리, 워라밸을 고려한 디지털 기반의 맞춤형 프로그램까지 제공한다. 구글의 지포즈(gPause) 명상 프로그램과 딜로이트의 웰빙 집중 월간 행사 등이 대표적인 사례다. 앞으로는 인공지능(AI)과 빅데이터를 활용한 개인 맞춤형 웰니스 서비스가 확산되며 기업 웰니스 프로그램이 조직 문화를 강화하는 핵심 요소로 자리 잡을 전망이다.

9) 스마트 웰니스 라이프스타일

스마트 웰니스 라이프스타일은 인공지능과 사물인터넷(IoT) 기술을 활용해 개인에게 적합한 웰니스를 실현하는 생활 방식을 의미한다. 바쁜 현대인의 필요에 맞춘 스마트워치, 헬스 트래커, 홈 피트니스 장비, 인공지능 영양 추천 서비스 등 다양한 디지털 솔루션이 인기를 끌고 있다. 애플의 애플헬스, 펠로톤 인터랙티브 플랫폼, 오우라링 같은 웨어러블 기기가 대표적이다. 이들은 시간과 장소에 구애받지 않고 건강을 관리할 수 있도록 돕는다.

[그림 2] 웰니스·치유 트렌드 2026

이 외에도 바이오해킹, 베드 로팅, 영적인 웰빙, 외로움과 사회적 상호작용, 근력 운동, 홀리스틱 건강, 수면 야식, 호르몬 불균형, 로컬 웰니스, 피트니스와 뷰티의 융합 등 다양한 키워드가 현대 소비자들의 웰니스 관심사를 반영하며 빠르게 성장하고 있다.

소비자 관심이 셀프 웰니스와 감각 휴식으로

『웰니스·치유 트렌드 2026』을 집필한 전문가 그룹은 수차례의 회의와 논의를 거쳐 2026년 소비자 관심 키워드로 '셀프 웰니스와 감각 휴식(Sensory Retreats)'을 선정했다. '셀프 웰니스'는 개인이 주도적으로 자기 건강과 행복을 관리하는 것을, '감각 휴식'은 오감 자극을 통해 심신의 휴식과 회복을 돕는 것을 말한다.

◆ **셀프 웰니스**: 홈트레이닝, 홈 요가, 디지털 명상 앱 등 다양한 제품과 서비스를 통해 개인이 스스로 건강을 관리하는 추세를 반영한다.

◆ **감각 휴식**: 아로마테라피, 해양 치유, 사운드 힐링 등 오감을 자극하여 스트레스를 해소하고 몸과 마음의 균형을 이루는 활동을 의미한다.

급변하는 사회에서 스트레스와 피로가 가득한 현대인의 심리 상태만으로도 비즈니스 기회가 선명하게 보인다. 『바꾸거나 아니면 죽거나(Pivot or Die)』의 저자 게리 사피로는 "비즈니스에서 변화하지 않고 가만히만 있으면, 다른 경쟁자가 제품이나 서비스를 더 값싸고, 더 좋게, 더 흥미롭게 만들 가능성이 크다"며 변화하지 않는 기업은 도태할 수밖에 없다고 목소리를 높였다. 웰니스 시장 역시 끊임없이 변화하고 있다. 이러한 변화에 발맞춰 새로운 트렌드를 파악하고 적극적으로 대응해야 한다.

웰니스 흐름 따라잡기

『웰니스·치유 트렌드 2026』은 웰니스 산업의 최신 동향을 빠르게 파악하고, 이를 비즈니스 기회로 전환할 수 있는 실용적인 정보를 제공하고자 한다. 질병 예방, 건강 관리, 회복 및 행복한 삶을 위한 웰니스 솔루션을 다양하게 다룬다. 이 책이 웰니스 시장에 관심 있는 독자들에게 유용한 지침서가 되리라 확신한다.

이 책은 최근 소비자들의 욕구와 수요를 확인할 수 있도록 3부 22장으로 주요 웰니스·치유 분야를 분석했다. 각 분야 전문가들이 집필을 맡아 독자들이 쉽게 이해할 수 있도록 어려운 용어나 생소한 개념은 별도로 설명 페이지를 두어 이해를 도왔다. 또한 관련 상품과 서비스도 소개하여 비즈니스 아이디어를 구체화하도록 했다. 시장 변화에 빠르게 대응하고자 하는 이들에게 더욱 유용한 참고 자료가 될 것이다.

지금 이 순간도 웰니스·치유 비즈니스는 빠르게 성장한다. 최신 트렌드와 경쟁력 있는 웰니스 영역의 인사이트를 넓히고 관련 사업에서 아이디어를 찾으려는 이들에게 『웰니스·치유 트렌드 2026』을 적극 추천한다. 이 책을 통해 독자들은 웰니스의 미래를 이해하고, 이를 기반으로 새로운 제품과 서비스를 탐색할 기회가 되리라 기대한다. 웰니스는 스쳐 지나가는 단순한 유행이 아니라, 커다란 흐름을 보여 주는 하나의 트렌드로서 현대인의 삶의 필수 요소로 지속 성장할 분야다. 이 책을 통해 웰니스 시장의 변화를 이해하고, 스스로 건강하고 행복한 삶을 추구하기를 진심으로 바란다.

용어설명

1) 바이오해킹
개인의 생체 정보를 면밀하게 파악한 뒤 최적의 건강 상태를 찾기 위해 스스로 식이요법, 영양제, 운동, 치료 등 바이오 기술을 활용하는 것을 의미하는 신조어다.

2) 사회적 상호작용(IRL Interaction)
인간은 사회적 동물이다. 따라서 사회 속에서 인간관계를 맺지 않으면 고립되기 쉽다. 사회적 참여 활동이 중요하다는 걸 의미한다. 소셜미디어에서 흔히 쓰는 IRL(In Real Life)이라는 용어를 사용하여 요즘은 사회적 고립을 피하려면 오프라인뿐만 아니라 온라인에서의 상호작용도 필수라는 의미를 부여했다.

3) 홀리스틱 건강
마음과 몸을 별개로 생각하는 사고 체계에서 벗어나 병든 이의 몸과 마음, 그리고 영혼까지 치유한다는 개념이다. 증상 완화보다 원인을 해결하려고 노력하며, 신체 일부분이 아니라 심신 전체의 균형과 최적의 건강 상태를 추구하는 접근법이다.

4) 수면 야식(Nighttime Nibbles/Night Snack)
'니블스(Nibbles)'라는 단어는 음식을 '야금야금 먹는다' 혹은 '깨작깨작 조금씩 먹는다'는 의미다. 마치 토끼가 당근을 먹는 모습이 떠오르게 한다. 잠이 오지 않는 밤에 약간 먹는 음식이라고 이해하면 쉽다. 숙면을 도와주는 수면 유도 음식을 말한다.

5) 호르몬 불균형
호르몬 균형이 깨지면 피로, 우울, 피부 트러블 등의 증상이 나타난다. 호르몬이 정상적으로 분비되도록 균형을 맞출 수 있도록 돕는 활동이 주목받는다.

쉼과 여유

1부
웰니스·치유의 시대_행복을 찾는 여러분에게

"Move well, study well, play well, eat well, rest well -
That is the turtle master way!"

- 도리야마 아키라 「드래곤볼」에서

일본을 대표하는 흥행 만화 '드래곤볼'에서 세계 최강의 고수인 무천 도사가 "잘 움직이고, 잘 공부하고, 잘 놀고, 잘 먹고, 잘 쉬는 것이 세계 최강의 훈련 비법이야"라고 목소리를 높인다. 이 말은 만화 속 스승 무천 도사가 제자 손오공에게 강력한 전사로 탈바꿈할 수 있는 평생의 비법을 가르치는 장면에서 나온다. 만화 '드래곤볼'은 중국 고전 소설인 서유기를 모티브로 만들었는데, 대략 2억 6000만 부 이상 판매한 초대박 작품이다. 여기서 강조한 메시지는 평범해 보이는 일상적 루틴이 사실은 초고수가 되는 훈련법이라는 점이다. 40년 전 만화에서 제시한 웰니스 실천 원리가 현대의 일상과 별반 다르지 않다는 사실이 눈길을 끈다.

웰니스(Wellness)는 질병(Illness)에 대한 상대적 개념이다. 1654년부터 옥스퍼드 영어 사전에 오른 단어다. 국내에서는 '참살이'라는 웰빙(Wellbeing)과 함께 사용되며, 두 용어가 비슷한 의미로 혼용되고 있다. 하지만 두 개념을 구분하자면 웰빙은 최적의 건강한 상태나 조건을 의미한다. 웰니스는 이러한 건강한 상태나 행복한 상태를 만드는 과정, 즉 도달하려는 활동에 중점을 둔 용어다.

'세 살 어린애도 알지만, 여든 노인도 행하기 어렵다'는 문구가 있다. '잘 먹고, 잘 쉬고, 잘 자는 일'이란 말이 듣기에는 쉽지만, 실제로 실천하는 것은 상당히 어렵다. 이로 인해 바쁜 현대인에게 '행복한 삶'은 종종 멀게만 느껴진다. 따라서 일상에서 웰니스를 추구하는 비법으로 개념적 접근을 넘어 실질적으로 적용할 수 있는 나만의 루틴, 즉 생활습관을 만드는 방법을 제안한다.

1장. 웰니스·치유란 무엇인가?
고운실

01. 웰니스의 시작, 면역과 항상성의 균형
질병 치료에서 삶의 질 향상으로, 웰니스가 제시하는 새로운 패러다임

질병 치료 중심의 의료에서 벗어나 면역과 항상성의 균형을 통해 능동적으로 건강을 관리하고 삶의 질도 향상시키는 웰니스의 중요성을 강조하며, 실천법도 함께 찾는다.

"어디가 불편해서 오셨나요?"
얼마 전 열이 나고 기침에 콧물까지 심각한 감기에 걸려 가까운 의료기관을 방문했다. 의사가 던진 첫 질문이 어디가 불편하냐는 것이었다. 흔히 듣는 질문이었기에 별 의미 없이 대답하고, 간단한 시술과 함께 약 처방을 받았다. 근처 약국에서 받은 약을 먹고는 며칠 더 앓은 끝에야 겨우 감기 증상이 사라졌다.

질병(Disease)이라는 영어 단어는 부정의 접두사 '디스(dis)'와 편안함을 의미하는 '이즈(ease)'가 합쳐졌다. 해석하면 '편안하지 않다'는 뜻이다. 의사가 던진 질문이 너무 정확하게 일치한 사실을 깨달았다. 일상에서 흔히 사용하는 '몸이 아프다'는 표현은 사실 '질병이 생겼다'는 의미다. 이는 몸에 통증이나 불편한 증상이 생겼다는 사실을 나타낸다. 질병을 치료하는 의미의 영어 동사 '트리트(Treat)'와 '큐어(Cure)'는 모두 프랑스어에서 유래했는데, '관리하

다' 또는 '다루다'는 의미가 있다. 한마디로 '질병을 관리하여 회복하다'라는 치료 개념을 포함한다.

면역과 항상성: 건강의 두 기둥

"면역은 최고의 의사이자 치료제"라고 히포크라테스는 말했다. '면역(免疫·Immunity)'이라는 단어는 라틴어 '이무니타스(immunitas)'에서 유래했다. 이는 고대 국가에서 부과하던 세금이나 전쟁에 끌려나가는 병역 의무로부터 벗어난다는 의미에서 출발한다. 의학에서 면역은 '질병에서 벗어나 죽음을 피하다'라는 어원적 의미를 지닌다.

면역계(免疫系·Immune System)란 '생물이 질병으로부터 자신을 보호하기 위해 구축한 다양한 구조와 과정으로 이루어진, 자기방어 능력을 갖춘 기관 및 세포'로 정의된다. 쉽게 말해 우리 인체에 이물질인 세균이나 바이러스 등이 들어오면 이를 상대하는 방어 시스템을 의미한다. 나와 타인을 구별하여 보호하는 신체 대응 시스템으로 이해하면 쉽다.

항상성(Homeostasis)은 내부 환경을 안정적이고 일정하게 유지하려는 생물계의 특성을 말한다. 1926년 월터 브레드퍼드 캐넌은 항상성이라는 개념을 명확하게 정리하며 인체가 다양한 방법으로 항상성을 유지하는 특성을 설명하였다. 예를 들면 추위를 느낄 때 인체는 체온을 올려 내부 환경을 일정하게 유지하는 과정에 들어간다. 췌장은 인슐린을 분비하여 혈당을 일정하게 조절하고 에너지 대사를 원활하게 한다. 신장은 체내 수분과 이온의 균형을 맞추는 역할을 하는데, 혈액과 림프액이 부족하면 세포에 저장된 수분을 우선 사용하여 균형을 맞춘다. 이렇듯 항상성은 인간 생명을 유지하는 데 필수적인 체계다. 만약 항상성의 균형이 깨지면 신체는 이상 신호를 보내 경고를 한다. 이러한 일종의 몸속 조절 기작을 보유하고 있다.

[그림 3] 인체 항상성을 위한 에너지 균형

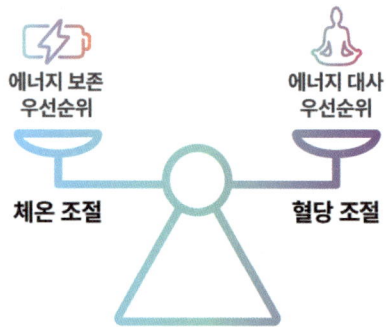

 인간의 면역 체계와 항상성은 질병을 예방하고 치료하는 데 중요한 시스템이다. 건강을 해치는 문제 대부분은 외부 병원균에 대한 방어가 충분하지 않거나, 면역 시스템 자체에 오류가 생기고 항상성의 균형이 깨져서 발생한다. 현대 의학에서는 질병을 치료할 때는 증상뿐만 아니라 인체의 면역 시스템과 항상성을 회복해야 건강한 상태로 돌아갈 수 있다고 강조한다. 그래서 웰니스를 추구하는 생활습관을 갖는 일이 중요하다. 규칙적인 운동, 균형 잡힌 식사, 충분한 수면 등은 항상성과 면역 체계를 유지하는 데 필수적인 요소로 작용하며, 행복하고 건강한 삶을 영위하는 디딤돌이 된다.

웰니스: 질병 치료를 넘어 삶의 질 향상으로

　웰니스는 신체적, 정신적, 사회적, 영적 건강을 아우르는 개념이다. 기존의 헬스케어가 질병 치료에 무게를 뒀다면 웰니스 케어는 단순한 병의 치료를 넘어 지속적인 자기 관리를 통해 건강 균형과 행복한 삶을 추구한다. 웰니스의 목표는 전인적 건강을 실현하는 것이다. 이는 건강뿐 아니라 삶의 질 향상까지 이어진다. 한마디로 질병 치료를 넘어 행복 추구를 위한 행동이라고 정리할 수 있다.

　현대인에게 웰니스가 더 중요하게 다가오는 이유는 '스트레스와 만성질환' 때문이다. 스트레스는 정신 및 신체 자극으로 인해 변화를 일으키는 긴장감을 뜻한다. 스트레스란 용어는 물체에 가해지는 외적인 힘을 일컫는 물리학 용어에서 출발했다. 1936년 한스 휴고 브루노 셀리에 박사는 스트레스를 "어떤 요구에 대한 신체의 비특이적 반응"이라고 했다. 이는 인체가 스트레스를 받아서 항상성의 균형이 깨지면 질병이 발생한다는 이론으로 스트레스와 질병의 관계를 밝힌 셈이다.

　만성질환(慢性疾患·Chronic Diseases)이란 1년 이상 오래가거나 차도가 늦은 건강 상태나 질병을 말한다. 암, 심장병, 뇌졸중, 관절염 등의 질환을 가리킨다. 우리나라 전체 사망 중 약 80%가 만성질환으로 사망한다. 2019년 기준 10대 사망 원인 중 7개가 만성질환이었을 정도로 심각하다. 만성질환의 원인은 불명확하지만, 비만, 고혈압, 당뇨병 등이 건강 위험 주요인으로 작용한다. 결국 만성질환을 예방하는 출발점은 금연, 절주, 균형 잡힌 식생활, 규칙적인 운동 등 건강한 생활습관에서 시작한다는 사실을 알 수 있다.

[그림 4] 만성질환의 주요 원인

일상 속 웰니스 실천: 건강한 삶을 위한 첫걸음

일상에서 웰니스를 실천하는 구체적인 방법을 제안한다.

첫째, 명상과 요가 등 자연과 연결한 활동으로 심리적 안정을 꾀한다.
둘째, 규칙적인 운동과 건강한 식습관으로 신체 회복력과 항상성을 높인다.
셋째, 디지털 디톡스와 수면 개선 등을 통해 스트레스 요인을 줄인다.

이러한 웰니스 생활을 실천해야 더 건강한 삶을 영위할 수 있으며, 면역과 항상성까지 지속해서 유지할 수 있다. 이러한 실천 방법을 일상에 적용하여 행복한 삶을 추구해야 할 때다.

"우리 안에 있는 자연적인 힘이야말로
모든 병을 고치는 **진정한 치료제다**."

- 히포크라테스

02. 삶의 균형을 찾아서: 신체, 정신, 자연, 그리고 기술의 조화
웰니스 영역별 개념과 실천 방법, 비즈니스 모델까지 총망라

신체적·정신적 건강은 물론 자연과의 교감, 첨단 기술 활용까지 아우르는 웰니스 영역별 실천법과 비즈니스 모델을 제시하며 건강과 삶의 질을 동시에 향상시키는 웰니스의 가치를 조명한다. 웰니스의 영역을 나누어 영역별 개념과 비즈니스 모델까지 이해하기 쉽도록 설명했다. 빠르게 변화하는 시대에 웰니스는 건강의 개념을 넘어 삶의 질을 높이는 핵심 가치로 자리 잡고 있다.

[그림 5] 웰니스 실천 방법의 이해

신체적 웰니스
항상성과 회복을 위한
운동, 호흡, 영양, 휴식 등이 중심

정신적 웰니스
스트레스 관리를 위한
감정 연결, 명상, 감각 이완을 강조

자연과의 연결
도시의 결핍을 위한
웰니스 관광과 치유 활동이 절실

현대의 웰니스
개인화된 건강 관리와
디지털 서비스의 진화

1. 신체적 웰니스와 자연 치유: 항상성 유지와 회복

우리 몸은 체온, 혈압, 체내 수분 균형, 산소와 영양소 공급, 노폐물 배출 등을 자동으로 조절하며 건강을 유지한다. 그러나 각종 스트레스, 불규칙한 식사, 운동 부족 등은 이런 균형을 방해하고, 몸에 피로와 질병을 불러온다. 신체적 웰니스는 몸의 균형을 회복하고 건강을 유지하는 데 초점을 맞추는데, 자연 치유 방법은 이를 더욱 효과적으로 돕는다.

1) 사고와 외상이 남긴 몸의 반응

우리 몸은 크게 다쳤거나 사고를 겪으면 단순히 상처만 남기는 것이 아니다. 먼저 신체 반응의 이해가 필요하다. 사고나 외상은 통증, 염증, 스트레스 반응 등을 나타낸다. 이런 충격은 몸의 특정 부위에 머무르며 긴장 상태를 만든다. 다행히 몸이 충격을 스스로 풀어내면서 저절로 치유되는 예도 있다. 하지만 충격으로 남아 있는 긴장 때문에 시간이 지나면서 몸의 균형이 무너지는 경우가 많다. 그러면 몸이 정상 상태를 유지하려고 더 많은 에너지를 쓰게 되기 때문에 결국 피로감과 통증을 유발한다. 이러한 몸의 반응을 이해하는 것이 치유의 첫걸음이다.

2) 운동과 호흡법

가벼운 운동과 올바른 호흡법은 몸속 혈액과 산소가 잘 흐르게 하고, 쌓인 긴장을 푸는 데 도움을 준다. 요가, 스트레칭, 가벼운 걷기 같은 운동은 몸과 마음의 균형을 되찾아 준다. 깊고 규칙적인 호흡은 긴장을 줄이고 몸을 편안하게 만들어 균형을 유지한다.

3) 영양, 휴식, 수분 섭취

몸이 좋지 않을 때 인체는 회복을 위해 다양한 영양소가 필요하다. 단백질은 세포 재생에, 비타민 C는 상처 회복에, 아연은 면역 기능 강화에 도움을 준다. 이러한 영양소를 얻기 위해서는 과일, 채소, 통곡물 등 균형 잡힌 식단이 중요하다. 아픈 증상을 줄이고 난 뒤 나머지는 본래 스스로 에너지, 즉 자기 힘으로 균형을 찾아야 회복할 수 있다. 휴식은 몸이 자연스럽게 회복할 수 있도록 도와준다. 충분한 수면과 휴식은 피로를 풀어 주며 호르몬 균형과 면역 체계까지 제자리로 돌아오게 한다. 수분 섭취는 혈액 순환을 개선하고 노폐물을 배출하는 역할이 핵심이다. 마치 자동차의 심장으로 불리는 엔진에 필요한 엔진오일 같은 역할을 하기 때문이다. 영양, 휴식, 수분 섭취는 인체의 균형을 위한 기본 요소다.

신체적 웰니스는 단순히 몸을 튼튼하게 하는 것이 아니다. 몸이 스스로 회복하는 힘을 키우는 데 초점을 맞춘다. 이런 접근은 건강한 몸과 평온한 마음을 동시에 만드는 데 실질적인 도움을 준다.

2. 정신적 웰니스: 스트레스 관리와 마음의 안정

정신적 웰니스는 신체건강과 연관이 깊다. 특히 감정으로 발생하는 정신적 상처는 신체의 여러 기관에 영향을 미친다. 따라서 스트레스를 관리하고 심리적 안정을 찾는 노력은 전반적인 건강을 위해 필수적인 과정이다.

1) 감정과 몸의 연결

외상이나 스트레스는 단순히 마음에만 영향을 주지 않는다. 몸속에는 억눌린 분노, 두려움, 억울함 같은 감정이 에너지 형태로 남아 있는 경우가 많다. 이 감정들이 해결되지 않으면 몸은 긴장 상태를 유지하게 된다. 시간이 지나면서 신체 기능에도 부정적 영향을 미친다. 반대로 자신의 감정을 발견하고 이를 표현하면 억눌린 에너지가 자연스럽게 풀리면서 마음과 몸의 균형이 회복된다. 이는 스트레스 해소뿐 아니라 신체적 웰니스에도 긍정적인 변화를 가져온다.

2) 명상의 효과

　명상은 내면의 평화를 찾고 억눌린 감정을 해소하는 데 탁월한 도구다. 매일 짧은 시간이라도 명상을 실천하면 마음이 편안해지고 스트레스가 줄어든다. 특히 명상은 신체와 마음을 연결하여 심리적 안정감뿐 아니라 면역력과 같은 신체 치유력을 높이는 데도 도움을 준다.

　간단한 호흡 명상이나 몸의 감각에 집중하는 방법은 누구나 쉽게 따라 할 수 있다. 이 과정은 현대인의 복잡한 마음을 정리하고, 심리적 웰니스를 유지하는 데 큰 힘이 된다.

3) 감각 휴식의 역할

　감각 치유 또는 감각 휴식은 소리와 향기 등 감각을 활용하여 마음의 안정을 찾는 방법이다.

◆ 사운드 테라피

특정 주파수의 소리를 들려주는 이 방법은 뇌파를 안정시키고 긴장을 완화하는 데 효과적이다. 물소리, 바람소리 같은 자연의 소리나 편안한 음악도 비슷한 효과를 준다.

◆ 아로마테라피

라벤더, 베르가모트 같은 향기는 스트레스를 줄이고 감정을 진정시키는 데 유용하다. 이러한 향기를 맡으면 마음이 차분해지면서 심리적 치유 효과를 얻는다.

◆ 컬러 테라피

컬러 테라피는 과학자들이 색상의 심리적·생리적 효과를 탐구하기 시작한 19세기 후반부터 본격적으로 활용하기 시작했다. 색채의 힘을 활용하여 심리적·신체적 건강을 증진시키는 중요한 치유 방법이다.

정신적 웰니스는 단순한 스트레스 해소를 넘어선다. 정신적 건강과 신체적 건강은 하나로 긴밀하게 연결된 영역이다. 균형이라는 시각에서 한쪽으로만 기울지 않도록 해야 한다. 일상에서 자기만의 감정 해소 방법을 찾고 꾸준하게 실천한다면 몸과 마음 모두 건강해질 수 있다.

[그림 6] 외부 자극에 따른 감각 휴식 수단

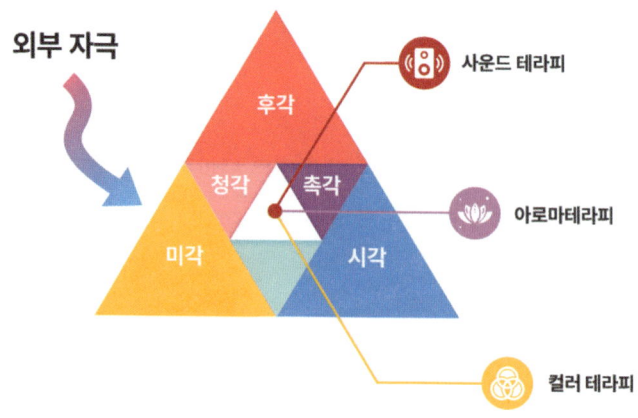

3. 자연과의 연결: 치유 농업과 웰니스 여행

자연은 신체와 마음을 회복시키는 가장 강력한 치유 도구 중 하나다. 자연과의 교감은 스트레스를 해소하고 에너지를 회복하는 데 중요한 역할을 한다. 현대 사회의 복잡한 일상 속에서 쉼과 평화를 제공한다.

1) 치유 농업: 자연 속에서 심리적 안정 찾기

치유 농업은 자연 환경 속에서 농업 활동을 통해 신체적·정신적 회복을 도모하는 활동이다. 흙을 만지고, 식물을 돌보며, 직접 수확하는 과정은 스트레스를 줄이는 데 큰 효과가 있다. 특히 치유 농업은 심리적 안정뿐만 아니라 사회적 유대감 강화에 이바지한다. 공동체 활동을 통해 사람들과 소통하며 고립감을 줄이고 정서적 안정감을 느낄 수 있다. 이와 같은 치유 농업 프로그램은 현대인들이 자연의 순환 속에서 삶의 균형을 되찾도록 도움을 준다.

2) 웰니스 관광: 자연에서 쉼을 찾는 여정

웰니스 관광은 도시의 스트레스를 벗어나 자연 속에서 신체와 마음의 균형을 회복하는 활동이다.

◆ 숲 체험

울창한 숲을 걷는 동안 맑은 공기를 마시며 심신의 피로를 푼다. 이 과정은 스트레스를 줄이고 면역력을 높이는 데 도움을 준다.

◆ 해양 및 온천 체험

해양 치유는 탈라소테라피라고 부른다. 바닷물이나 갯벌에는 각종 영양 성분이 들어 있다. 해수 요법은 생명의 근원인 바다의 힘을 느낄 수 있는 체험이다. 따뜻한 온천수는 몸의 긴장을 완화하고, 혈액 순환을 촉진하는 효과가 있다. 특히 온천의 미네랄 성분은 피부 건강에도 이롭다.

◆ 자연 명상

산, 바다, 숲 등 자연의 품에서 명상을 하면 마음이 차분해지고 집중력이 향상된다. 자연의 소리를 들으며 명상에 몰입하는 경험은 정신적 웰니스에 큰 도움을 준다.

자연과 연결되는 웰니스 여행은 단순한 휴식을 넘어 삶의 에너지를 충전하고, 건강한 라이프스타일을 유지하는 데 중요한 역할을 한다.

[그림 7] 자연과 연결한 웰니스 체험 종류

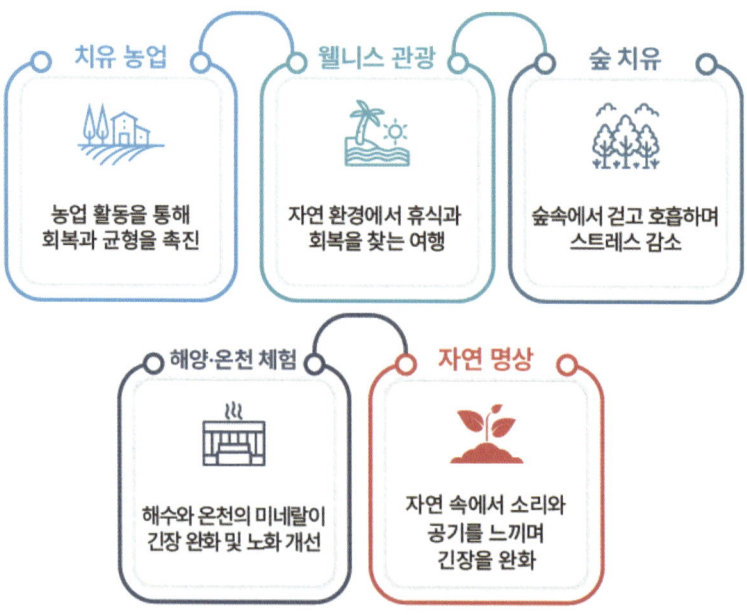

4. 현대의 웰니스: 인공지능과 개인화로 진화하는 건강관리

현대적 의미의 웰니스는 인공지능(AI)과 개인화된 접근법을 통해 빠르게 발전한다. 과거에는 건강 관리를 보편적 방법에 의존했지만, 이제는 개인의 특성과 필요에 맞춘 맞춤형 서비스가 대세다.

1) 맞춤형 건강 관리 서비스

유전자 분석과 인공지능 기술의 발전으로 개인 맞춤형 건강 관리가 가능해졌다. 유전자 정보를 통해 각자의 체질적 특성을 파악하고, 생활습관 데이터를 분석해 가장 효과적인 식단과 운동, 스트레스 관리 방법을 제안한다. 예를 들어 유전적으로 특정 영양소가 부족하거나 특정 질환에 취약한 경우 이를 보완할 수 있는 식단과 운동 프로그램이 제공된다. 이렇게 개인화된 접근법은 건강을 예방하고 관리하는 데 더욱 정교한 해결책을 제시한다.

2) 디지털 헬스케어 서비스

정보기술(IT)의 발달로, 웨어러블 기기와 헬스케어 애플리케이션 등이 현대적 웰니스의 핵심 도구로 자리 잡고 있다. 이들 기기는 개인의 건강 상태를 실시간으로 모니터링하며, 이상 신호를 조기에 감지해 질병을 예방하는 데 활용된다.

3) 정서 및 마음 관리 기반의 웰니스 솔루션

마음의 건강 또한 웰니스에서 중요한 부분을 차지한다. 마인드풀니스와 명상 중심의 디지털 플랫폼은 스트레스를 줄이고 심리적 안정감을 높이는 데 효과적이다. 사용자 맞춤형 명상 프로그램을 제공하거나 스트레스 상태를 분석해 적절한 이완 방법을 안내한다.

수면 애플리케이션으로 유명한 캄(Calm)이나 헤드스페이스(Headspace)가 대표적이다.

[그림 8] 과학기술 발달에 따른 현대 웰니스의 발전 방향

웰니스는 조화로운 삶을 위한 통합적 접근법을 의미한다. 신체적 건강의 유지, 정신적 안정의 확보, 그리고 외상으로 인한 에너지 낭비의 해소는 웰니스를 실천하는 데 핵심적인 요소다. 디지털 헬스케어 기술과 자연 중심의 활동은 웰니스의 가능성을 더욱 확장하며, 현대인의 다양한 필요를 충족한다.

결국 웰니스는 개인의 건강한 삶뿐만 아니라 사회 전반의 긍정적인 변화를 끌어낼 수 있다. 웰니스 실천은 현대 사회의 다양한 도전에 대응하며 건강하고 조화로운 삶의 비전을 제시한다. 웰니스는 우리에게 단순한 선택이 아니라 균형 잡힌 삶을 위한 필수적인 길을 안내한다. 이를 통해 우리는 더욱 건강하고 행복한 삶, 더 나은 세상을 만들어 갈 수 있다.

용어설명

1) 물질대사

'신진대사' 또는 짧게 '대사'라고 부른다. 생물이 세포에서 생명을 유지하기 위해 일어나는 모든 물질의 변화로, 생체 내에서 물질의 분해와 합성과 같이 에너지를 소모하는 화학적 작용을 말한다. 소화와 세포 간의 물질 수송 등을 포함하여 생물체 내에서 일어나는 모든 화학 반응을 의미한다.

대사는 크게 두 갈래로 나눈다. 첫째, 이화작용은 세포 호흡을 통하여 유기 분자를 분해하고 에너지를 얻는 반응이다. 둘째, 동화작용은 에너지를 이용하여 단백질이나 핵산과 같은 세포의 구성 성분을 합성하는 반응이다. 이러한 대사 반응은 대사 경로를 통해 진행된다. 생물체인 우리 몸이 음식을 섭취한 뒤 각종 장기에서 에너지로 바꾸기 위해 필요한 물질을 만드는 과정이라고 이해하면 된다.

2) 항산화 물질

항산화제 또는 산화방지제라고도 부른다. 산화를 방지하는 물질을 가리킨다. 글자 그대로 산화의 억제, 즉 몸속의 나쁜 물질을 없애 주는 역할을 하는 성분이다. 우리가 호흡하면서 몸에 들어온 산소는 몸에 이로운 작용을 하지만, 이 과정에서 활성산소가 만들어진다. 지나친 활성산소는 신체에 해를 끼친다. 주로 세포의 노화 과정이나 그에 대한 예방을 설명할 때 사용한다. 비타민, 토코페롤, 베타카로틴, 카테킨 등의 성분을 일컫는다.

쉼과 여유

2장. 암(癌) 경험자를 위한 웰니스 케어
이재원

03. 몸의 화학적 가치, 그 이상의 이야기: 웰니스로 완성하는 삶
세포에서 사회적 존재로, 건강의 개념을 웰니스로 확장하다

인체를 구성하는 화학 원소의 가치는 그저 몇만 원에 불과하지만, 그 상호작용을 통해 만들어지는 생명과 의식, 사회적 연결은 단순한 화학적 가격으로는 설명할 수 없다. 세포에서 시작하여 사회적 건강으로 확장되는 웰니스의 중요성을 되새긴다.

우리 몸의 화학적 가격표, 그 이상의 이야기로 출발한다. 인체를 구성하는 화학적 물질을 계산하면 얼마일까? 과학자들은 우리의 몸을 이루는 물질의 화학적 가치를 그저 몇만 원 수준 정도로 값을 매긴다. 산소, 탄소, 수소, 질소 등 주요 원소와 소량의 미량 원소로 나뉘기 때문이다. 이를 전부 합치면 그 가격표가 몇만 원짜리에 불과하다는 접근이다. 하지만 이런 물질들이 결합하여 만들어 낸 인체는 단순한 화학적 가치를 넘어선 존재라는 의미를 강조한다.

빛과 에너지: 인간은 우주적 순환의 일부다

우주의 주요 구성 원소와 비슷한 물질로 만들어진 인체는 자연과 연결되어 있다. 이는 성경에 나오는 "하나님이 흙으로 인간을 빚으셨다"라는 구절과도 일맥상통한다. 인간은 단순히 화학적 조합 이상의 존재라는 의미다. 생각해 보면 우리가 숨 쉬고, 움직이고, 생각

하며, 서로 소통하는 모든 과정은 화학적 원소의 상호작용이 만들어 낸 기적이다. 몸의 가치란 단순히 원소의 값이 아니라 화학적 상호작용이 만들어 내는 생명과 의식, 그리고 사회적 연결성에서 나온다.

우리는 빛을 먹고 사는 존재다. 태양에서 시작된 빛은 식물의 광합성을 통해 에너지로 전환되어 식물이 섭취한다. 이러한 식물을 동물이 섭취하여 그 에너지를 순환시킨다. 인간도 역시 이 과정을 통해 에너지를 섭취하고 생명을 유지하며, 죽은 뒤 다시 흙으로 돌아가 자연의 일부가 되는 순환 과정을 거친다.

이러한 과정에서 인간은 단순한 소비자가 아니라 에너지 순환의 중요한 축을 담당하는 존재라는 사실을 확인할 수 있다. 이는 우리가 먹는 한 끼의 식사가 단순히 배를 채우는 것을 넘어 우주적 순환의 일부라는 사실을 상기시킨다.

신체적 건강: 세포에서 출발하는 가치
우리 몸은 수많은 세포로 이루어졌다. 이 세포들은 각기 다른 기능을 담당하며 끊임없이 생명을 이어 간다. 세포는 분열과 성장을 통해 우리 몸의 조직과 장기를 유지한다. 건강한 세포의 기능이 곧 신체적 건강을 결정한다.

그러나 암세포처럼 비정상적으로 분열을 멈추지 않는 세포는 몸의 균형을 무너뜨리고, 건강과 생명에 큰 위협을 가한다. 따라서 세포의 정상적인 생장과 사멸을 돕는 올바른 생활습관이 건강 유지의 핵심이다. 규칙적인 식습관과 적절한 운동은 세포가 정상적으로 활동할 수 있도록 돕는 가장 기본적인 방법이다.

정신과 신체의 상호작용: 화학적 연결에서 조화로

"몸이 아프면 마음도 아프다." 이 간단한 말은 신체적 건강과 정신적 건강이 얼마나 깊이 연결되어 있는지를 보여 준다. 우리의 신체는 뇌에서 시작된 자율신경계의 작용으로 움직인다. 뇌는 생각과 감정을 신경전달물질로 신체에 전달하며, 호르몬 분비를 통해 생리적 균형을 유지한다. 예를 들어 스트레스를 받을 때 분비되는 코르티솔은 우리를 긴장 상태로 만들지만, 과도하면 신체를 피로하게 하고 질병의 원인으로 작용한다.

반대로 긍정적인 감정은 도파민과 세로토닌 같은 신경전달물질을 활성화해 몸에 활력을 준다. 명상과 같은 활동은 부교감 신경을 활성화해 신체적 안정과 정신적 평화를 제공한다. 이는 단순히 심리적 위안을 넘어 면역력 증진과 같은 생리적 효과로 이어진다.

신체의 균형: 세포와 호르몬의 리듬을 타다

건강한 신체는 정신적 안정의 토대다. 우리 몸의 세포는 끊임없이 재생된다. 이 과정에서 신진대사와 호르몬 분비가 조화를 이룰 때 우리 몸은 가장 효율적으로 작동한다. 식사를 통해 섭취한 영양소는 에너지로 변환되어 세포에 공급되고, 운동은 이 에너지를 효율적으로 활용하게 한다. 신체와 정신은 마치 톱니바퀴처럼 서로 맞물려 움직이며, 한쪽이 멈추면 전체가 영향을 받는다. 규칙적인 생활습관, 충분한 수면, 그리고 적절한 활동은 신체적 건강뿐만 아니라 정신적 안정감을 유지하는 데 필수적이다.

개인에서 사회로, 건강의 개념을 확장한다
 개인의 정신과 신체가 조화를 이루면 그 에너지는 자연스럽게 사회로 확장된다. 다시 말해 건강한 개인은 타인과 긍정적인 관계를 형성하며, 공동체 안에서 자신의 가치를 실현한다는 접근이다. 개인에서 사회로 넓히는 사회적 건강, 즉 사회적 웰니스 개념으로 확장하는 게 필요하다.

 정신적·신체적 건강이 모여 사회적 건강을 이룬다. 현대 사회는 개인의 건강 상태가 공동체에 미치는 영향을 코로나19 팬데믹을 통해 절실히 깨달았다. 회사들은 웰니스 프로그램을 도입하고, 생산성을 높이기 위해 직원들의 건강을 지원하는 것이 당연시되고 있다. 건강한 사회를 만들기 위해 개인의 웰니스 실천이 중요하다. 신체적 건강, 정신적 안정, 그리고 이를 지지하는 사회적 제도가 균형을 이루어야 한다.

웰니스 시대: 개인 건강으로 출발하여 사회의 건강까지 연결한다
 건강은 우리가 태어날 때부터 가지고 있던 신체의 정상적인 기능을 지속해서 유지하는 것이다. 이를 세포 단위에서 바라보면 건강한 세포의 기능을 유지하는 것이 곧 건강의 핵심이라 할 수 있다. 세포는 생장, 분열, 사멸이라는 자연스러운 과정을 끊임없이 반복한다. 이러한 활동을 위해 필요한 에너지는 우리가 섭취하는 음식에서 나온다. 즉 섭생은 모든 건강의 기초라는 의미다.

올바른 식습관은 세포가 원활히 기능할 수 있는 환경을 제공한다. 이는 몸 전체의 건강을 뒷받침한다. 더 나아가 일상적인 면역력을 높이는 웰니스 생활습관과 균형 잡힌 식습관은 질병, 특히 무서운 암의 발현과 증식을 예방하는 활동에 중요한 역할을 한다. 건강은 작은 세포의 활동에서 시작되어 우리 삶의 모든 영역을 아우르는 웰니스의 기본 원리로 확장할 수 있다.

결국 우리 몸은 몇만 원에 불과한 화학적 가치로 시작하지만, 신체와 정신의 조화, 그리고 사회적 연결로 무한한 가치로 발전시켜 실현될 수 있다. 100세 시대에 접어들면서 건강은 더는 개인의 문제만으로 국한할 수 없다. 신체적 건강은 기초이며, 정신적 안정과 사회적 연대가 더해질 때 진정한 웰니스가 완성된다. 이를 위해 다음과 같은 생활습관 실천을 추천한다.

첫째, 균형 잡힌 식습관: 에너지를 충전하는 건강한 음식 섭취
둘째, 스트레스 관리: 명상, 운동 등으로 코르티솔 조절
셋째, 적절한 운동: 세포의 활력을 유지하고 건강을 증진
넷째, 사회적 관계: 개인의 웰니스를 지지하는 공동체 활동 참여

"건강한 당신이 건강한 사회를 만든다."

웰니스는 신체적, 정신적, 사회적 건강을 통합하는 접근으로 현대인의 삶의 질을 향상시키고 있다.

[그림 9] 건강과 행복을 위한 통합적 웰니스 전략

스트레스 관리
명상과 요가 등을 통해
스트레스를 줄이고 평화를 유지

적절한 운동
신체의 활력을 유지하고
규칙적 운동 습관 유지

균형 잡힌 식습관
에너지를 회복하고 전반적 건강을
증진하는 건강한 식습관 실천

사회적 관계
개인의 웰니스와 함께
공동체 상호교류에 참여

용어설명

1) 섭생
노자의 '도덕경'에 나오는 단어다. 도덕경에서는 섭생을 잘하면 건강하게 살 수 있다고 가르친다. 스스로 욕심을 버리고 타인을 배려하는 개념에 섭생이라는 단어를 적용했다. 섭생은 풀이하면 '삶을 다스린다'는 뜻이다. 섭생을 실천해야 건강하게 잘산다고 강조한다. 동양 철학에서 섭생은 웰니스 개념과 맞닿아 있다. 요즘에는 섭취라는 단어 때문인지 건강을 위해 음식을 잘 섭취하는 방법 정도로 섭생을 이해한다.

2) 부교감신경
신체를 항상 일정하게 유지하는 역할을 맡은 자율신경계는 교감신경와 부교감신경으로 구성된다. 교감신경은 스트레스를 받았을 때 생명체를 보호하는 이른바 '응급 기능'에 관여한다. 부교감신경은 신체 에너지 유지와 회복에 관여한다. 혈압, 심박수, 호흡수를 정상보다 낮은 상태로 조절하는 역할을 맡는다. 부교감신경은 신체의 이완과 휴식으로 회복을 돕는다. 명상이나 요가에서 심호흡으로 일상의 스트레스를 조절할 수 있다는 말과 연결된다.

3) 코르티솔
스테로이드 호르몬의 일종이다. 긴장, 공포, 고통, 감염 등 스트레스 상황에서 분비되는 호르몬이다. 간이나 근육 등의 세포에 작용하여 스트레스에 맞서 우리 몸에 에너지를 공급하라는 신호를 보내는 역할을 한다. 항염증, 항알레르기 작용을 하고, 혈압이나 혈당을 높여 인체의 방어 작용을 돕는다. 일반적으로 코르티솔은 나쁜 호르몬이라는 이미지를 가지고 있다. 코르티솔 수치가 높아지면 신체적 또는 정신적 긴장을 높여 건강에 악영향을 초래한다는 인식 때문이다. 하지만 코르티솔이 분비되지 않으면 스트레스에 적절하게 대응할 수 없기 때문에 적정량의 코르티솔이 분비돼야 한다.

04. 암과의 동행: 환자의 주권, 의료 시스템, 그리고 희망의 끈
암 치료 과정, 환자의 역할, 가족의 중요성, 웰니스의 통합적 접근

암 환자의 주체적인 역할과 선택의 중요성을 강조하고, 현대 의료 시스템의 한계를 극복하도록 하며, 가족의 지지, 올바른 식습관, 스트레스 관리, 수면 유지, 의료진과의 소통 등 통합적인 웰니스 접근법을 통해 희망을 만들어 가는 여정을 안내한다.

우리나라 사망 원인 1위는 암이다. 2022년 기준으로 신규 암 환자는 28만 2047명에 달한다. 보건복지부의 '2022년 국가 암 등록 통계'에 따르면 최근 5년간 암을 진단받은 환자의 5년 생존율은 72.9%다. 이는 10명 중 7명 정도는 5년 이상을 거뜬히 생존한다는 뜻이다. 암 유병자는 약 243만 명으로, 전체 국민의 약 5%가 암에 걸린 것으로 나타났다. 예를 들어 20명 규모의 모임에 참석하면 한 명은 암 환자라는 뜻이다. 또한 우리나라 국민이 대략 83세까지 생존한다고 하면 암에 걸릴 확률은 38.1%로 추정했다. 2023년 건강보험심사평가원은 암 환자 진료비가 10조 원을 넘었다고 발표했다. 이는 암이 개인 질병을 넘어 국가적 책임으로 자리 잡았음을 의미한다.

[그림 10] 한국의 암 주요 통계 및 동향

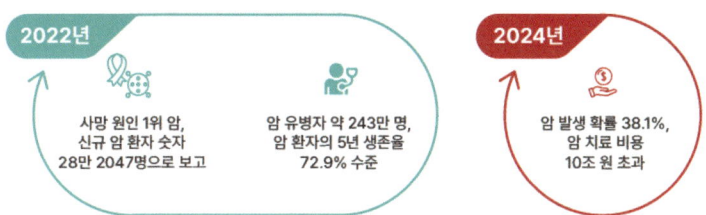

암, 삶의 무게를 짊어진 당신에게

"검사 결과... 암입니다." 암이라는 통보를 받으면 갑자기 멍해지는 경험을 한다고 한다. 죽음의 공포를 느끼기 때문일 것이다. '얼마 못 가서 죽을 수 있다'는 공포감은 환자뿐만 아니라 가족 모두를 혼란스럽게 만든다. 암 치료는 어떻게 시작하나. 큰 병원 어디로 가나. 하지만 암 환자 대부분은 대형 병원의 암 치료 프로토콜이라는 표준 과정에 따라 치료하게 된다. 수술치료, 항암화학요법, 방사선치료. 적극적 암 치료는 이렇게 세 가지로 나눈다. 조기암에서는 적극적 치료가 중요하지만, 말기암으로 갈수록 암 치료보다는 완화 의료에 치중하는 편이 환자에게 이득이다. 암의 진행 상태와 환자의 전신 상태를 파악해 치료법을 선택해야 한다.

암 진단을 받는 순간 암 치료 정보를 찾아보면 관련 정보량이 어마어마하다. 쏟아지는 정보 탓에 암과 어떤 연결 고리가 있는지, 어떻게 적용돼야 하는지 환자로서는 방향조차 잡기가 힘들다. 수많은 의료진, 기능 의학자, 자연 치유 등 분야별 전문가의 목소리가 다르기 때문이다. 진단 시기, 병의 진행 상태, 건강 상태, 현재 처한 주변 환경, 환자의 성격, 가족과의 관계, 직장에서의 위치 등 환자의 병 진행에 영향을 미치는 요건도 다양하다.

이를 다 배제하고 일률적으로 어떤 방법 하나가 옳다고 주장하는 것은 무책임한 태도로 보인다. 이는 의료진도 마찬가지다. 위의 여러 여건을 고려해 일대일 맞춤형 상담으로 적절한 해법이나 원칙을 차분하게 하나씩 제시해야 한다.

암 치료, 환자에게 권하는 일곱 가지 조언
첫째, 환자의 건강 주권

환자에게 병에 대해 설명하고 치료 과정 전체를 이끌어 가는 것은 분명 의료진의 중요한 역할이다. 하지만 질병을 이겨 내고 일상으로 돌아가는 당사자는 바로 환자다. 즉 자기 몸 상태를 인식하고 스스로 건강 주권을 지켜야 한다는 말이다. 의료진을 포함한 각 분야 전문가들의 지침이나 의견도 중요하지만, 무조건 맹신하는 듯한 태도나 방관자와 같은 처신은 피해야 한다. 자신의 병을 이겨 내려는 의지만큼 자신의 병 상태와 과정에 대해 열심히 공부하면서 치료 방향을 상의하는 등 주체적 당사자로 행동해야 한다. 이런 과정을 통해 질병의 치료 방향을 설정해야 한다.

둘째, 현대 의료 시스템과 환자의 선택권

의료인의 한 사람으로서 의료 시스템에 관한 문제를 제기하기가 좀처럼 쉽지 않다. 지금의 의료 제도는 다수의 대중에게 공평하고 최적의 치료 환경 제공을 위해 생긴 결과물이기 때문이다. 모든 제도에는 문제점이 있을 수밖에 없다. 이러한 문제들은 합리적 비판을 통해 점점 더 올바른 방향으로 개선되어야 바람직하다는 생각이다.

암과 같은 심각한 질병을 진단받은 환자의 처지에서는 제도적 허점들로 불이익을 받는 경우가 많다. 현재 암의 치료는 표준 치료로 정해진 수술, 항암치료, 방사선치료 등 세 가지가 기본이다. 이를 기준으로 의료보험 혜택이 집중되어 있어서 치료 대부분이 제도를 중심으로 의료진의 역량과 연구에 집중한다. 그렇다고 이 세 가지 치료만이 암 치료에 효과가 있다는 뜻은 아니다. 그 외 지속적인 의료기술의 발달과 연구로 여러 가지 치료 방법이 속속 등장하지만, 관련한 치료 모두에 의료보험 혜택을 주기 어려운 게 현실이다. 따라서 표준 치료에서 배제되는 경우가 많다. 이런 여러 가지 정보를 올바르게 전달하고 환자에게 선택권을 주어야 올바른 길이다.

셋째, 가족의 중요성

남자가 암에 걸리면 돌봐 줄 사람이 있지만, 여자가 암에 걸리면 돌봐 줄 사람이 없다는 말이 있다. 이는 같은 암이라도 주변에 환자를 지지해 주고 일상을 챙겨 줄 사람이 있고 없고가 병의 진행에 지대한 영향을 미친다는 말이다. 자신의 삶을 구성해 왔던 일상이 흐트러지면 매우 심각한 도전을 맞게 된다. 누구나 스스로 정한 나름의 규칙이 일상 곳곳에 있다. 이를 병의 진행 정도에 따라, 치료 방법에 따라 일상이 무너지는 점이 환자를 괴롭히기도 한다.

넷째, 식습관

평생 습관적으로 유지해 오던 식생활에도 큰 변화가 필요하다. 단적으로 일상으로 먹던 식사가 암 발병의 주원인이 아닐 수도 있지만, 그렇게 살아와서 암이 발현되었다면 진단 뒤에는 이런 일상의 식사도 바꾸는 것을 고려해야 한다. 기호식품도 마찬가지이고 주식으로 먹는 식사는 더욱 그렇다. 편리함을 추구하는 현대인들의 요구에 맞추어 변형되고 있는 음식 재료와 공급망 등은 많은 문제점을 내포하고 있다. 많은 연구자가 암과 성인병을 유발하는 식사 종류와 조리법 등에 대해 해법을 연구하고 있다. 이런 사람들의 조언에 따라 자신이 지킬 수 있는 식습관으로 조금씩 바꾸어서 새로운 삶의 패턴을 찾아내는 과정이 필요하다.

다섯째, 스트레스와 감정

일상에서 오는 스트레스는 누구나 갖고 있지만, 일단 암 진단을 받으면 이런 스트레스나 우울한 감정 기복에 더해 분노와 거부감, 소외감, 대상이 뚜렷하지 않은 복수심 등 평소에 느끼지 못한 감정들의 홍수 때문에 자신을 포기하고 싶은 충동에 빠진다. 이렇게 자포자기하는 기분에서는 누구도 긍정적인 에너지와 건강한 정신건강을 유지하기가 힘들다.

긍정의 에너지는 몸속 호르몬 분비에 변화를 준다. 이런 변화는 몸속 면역세포의 활성도와 민감한 관련이 있기에 긍정 그 자체가 환자의 치료에 도움을 줄 수 있다. 스트레스 관리는 그 자체를 하나의 치료로 이해해야 한다. 그러기 위해서는 다음 몇 가지 방법이 도움을 줄 수 있다. 예를 들어 주변에 부정적인 언사를 쓰거나 부정적인 태도를 표하는 사람들을 멀리하는 것이다. 그러한 뉴스를 전달하는 매체도 멀리하는 것이 중요하다. 늘 긍정의 마인드와 좋은 소식을 접하려고 노력하고, 그런 환경에 자신을 노출하려고 환경 조성에도 힘을 쓰도록 해야 한다.

2025년 트렌드 중 하나인 '글리머(Glimmer)'는 긍정의 경험으로 불안과 스트레스를 극복하려는 노력이 반영된 단어다. 특히 대형 질병의 팬데믹과 대형 사고, 전쟁, 기후 변화 등 개인의 노력으로 어찌할 수 없는 큰 변화가 일상이 돼 가고 있는 현대 사회에서 스스로 마음의 평정을 유지한다는 것이 말처럼 쉬운 일은 아니다. 그렇기에 마음 치료에도 전문가의 도움이 전적으로 필요하다.

여섯째, 수면 유지

나이가 들수록 꿀잠이라는 단어가 주는 따스함을 몸도 마음도 점차 강하게 느끼게 된다. 젊은 시절 틈만 나면 잠을 잘 수 있었던 과거를 떠올리면 나이가 들수록, 혹은 질병으로 고생하면서 불면의 고통을 겪을수록 수면이 얼마나 중요한지 체득하게 된다. 주기적인 건강한 수면은 그 자체가 수명을 연장하는 역할을 한다. 암 환자들은 감정 기복, 스트레스에 더해 질병에서 오는 통증과 무너진 일상 등으로 정상적인 수면을 유지할 수 없는 경우가 많다. 이런 상황을 극복하기 위해 전문가들과 상담하고, 환경 변화에도 신경을 써서 치료 개념으로서의 수면에 대한 고려를 해야 한다.

일곱째, 치료 효과 극대화를 위한 의료진과의 소통법

누군가 이런 일련의 암 치료 과정을 환자들에게 전달한다고 해도 모든 환자가 변화를 이룰 수 있는 건 아니다. 신체의 일부만 아파도 전문가의 도움이 필요한 법이다. 그렇지만 암은 부분 질환이 아니라 신체 전체가 영향을 받는 전신 질환이다. 따라서 이에 맞는 전문가들과의 교류나 교육, 훈련 등을 통해 치료 방법을 자신의 생활 방식으로 자연스레 정착시키는 노력이 필요하다.

[그림 11] 암 환자 치료 과정의 환자 태도

희망을 향한 여정

 암 환자가 암 치료를 시작한 후 '5년'을 기준으로 생존율을 계산한다. 그래서 5년을 생존한 후에 '암에서 졸업했다'고 표현한다. 하지만 이는 절대적인 기준이 아니다. 암은 언제든지 재발할 수 있는 질병이기 때문이다. 치료 후에도 정기 검진과 건강한 생활습관을 유지하는 것이 더 중요한 이유다. 암 치료는 환자 본인의 의지와 노력, 주변의 지지, 현대 의료 시스템의 역할 등이 상호 결합하여 조화를 이루어야 기대할 만한 성과를 얻을 수 있다.

암 치료는 환자 혼자의 노력만으로 이겨 낼 수 없다. 의료진에게만 기대어 치료하면 불안 수준이 상당히 높아진다. 심각하고 힘든 상황이지만, 환자 본인의 현명한 상황 판단과 의사 결정이 필요하다. 처음에는 여러 매체나 정보를 통해 전문가 집단을 찾고, 여러 사람과의 면담을 통해 자기 생각이나 목적과 맞는 의료진을 찾는 노력이 필요하다. 일단 치료 방향이 잡히면 이들과의 교류를 통해 정보를 얻고 병원 치료뿐만 아니라 실생활에서도 적용하는 것이 좋다.

 학문은 오랜 시간에 걸쳐 여러 사람의 연구 결과를 집대성하는 과정이다. 그 과정에서 많은 가설과 명제가 나중에 참과 거짓으로 나뉘며 잘못된 가설은 사라지게 된다. 암 치료 과정에서 나오는 많은 치료법도 한 번 옳은 방법이 무조건 끝까지 옳다고 할 수 없다. 치료 과정에서 희생되는 많은 환자의 생명과 바꾸어 나오는 치료법들에 감사함과 동시에 날 선 비판 의식이 동반되어야 한다. 그것이 자신의 삶에 대한 책무를 다하는 길이다. 힘든 암 치료에 나선 암 환자들에게 격려와 응원을 보낸다.

쉼과 여유

3장. 요가와 명상, 심신의 조화를 이루는 고대 웰니스 기법
고한철

05. 요가, 몸과 마음을 잇는 고대의 지혜를 넘어선 심오한 가치
300만 요가 인구 시대, 애슬레저룩의 인기 뒤에 숨겨진
요가의 역사와 철학적 의미 재조명

요가는 단순한 운동을 넘어 몸과 마음의 조화를 이루는 심오한 수행법이다. 고대 인도 철학에서 현대적 웰빙 트렌드까지 요가의 역사와 다양한 수행법, 그리고 파탄잘리의 가르침을 통해 내면의 평화를 찾는 여정을 탐구한다.

자라, 안다르, 젝시믹스가 2024년 요가복 레깅스 패션 브랜드 순위에서 1~3위를 기록했다. '운동(Athletic)'과 '여가(Leisure)'의 합성어인 애스레저룩으로 인기몰이가 한창이다. 이미 국내 시장 규모는 1조 원을 훌쩍 넘어섰으며, 필라테스·요가·피트니스를 즐기는 옷차림이 일상이 됐다. 국내 요가 인구는 약 300만 명으로 추산되며, 요가 지도자 자격을 갖춘 전문가는 약 5만 명에 이른다. 이들은 1만여 개의 국내 요가센터나 온라인 플랫폼인 홈핏, 코리아 요가 얼라이언스, 각종 유튜브에서 전문성을 발휘하고 있다.

요가, 단순한 운동 그 이상의 의미
요가나 명상에 대해 거리감을 느끼는 사람이 여전하다. 단순한 기분 탓인가? 아니면 이국적 분위기를 자아내면서 종교 색채가 느껴

지기 때문인가? 종교, 의학, 스포츠 영역이 서로 뒤엉켜서 명상이나 요가가 더욱 복잡하게 다가온다. 요가나 명상은 그 맥락이 크게 다르지 않아서 유래와 방법 정도만 이해해도 마음이 한결 가벼워질 수 있다. 출발점부터 이해한다면 유익한 정보가 되리라 기대한다.

요가의 기원: 베다 경전에서 찾다

  요가는 고대 인도 브라만교의 베다 경전 시대인 기원전으로 거슬러 올라간다. 다소 뜬금없다고 생각하겠지만, 신기하게도 명상이나 요가의 뿌리를 파고들면 힌두교 성전인 베다라는 책과 맞닥뜨린다. 베다 경전을 요즘 말로 바꾸면 고대 인도의 '종교와 사상 지식백과' 정도로 바꿀 수 있겠다. 베다 경전은 세계 최고의 문학 작품이면서 인도의 고대 종교, 사상, 철학을 기록한 세계문화유산으로 알려졌다. 주요 내용은 신들에게 올리는 찬양의 시, 의식용 기도문, 철학적 대화 등인데, 경전 4개를 통칭해 가리킨다. 이 베다 경전을 요가의 출발점으로 본다.

  인도의 베다 시대는 BC 1500년~BC 500년경으로 청동기 시대를 지나 철기 시대로 접어드는 시기다. 당시 인도를 지배하던 인도아리아인은 브라만 계급에서 최상위 계층이었다. 브라만 계급은 고대 인도의 카스트 제도에서 성직자나 학자로서 브라만교의 교리나 제사와 같은 종교적 업무를 맡았다. 여러 신에게 공물을 바치고 제사를 올리면서 삶의 안녕을 빌었다. 이때 제사 의식과 기도문들은 수천 년 동안 사람들의 입을 통해 전해졌다. 고대에는 문자가 없거나 문자를 기록하는 일 자체가 쉽지 않았기 때문이다. 다행히 고대 인도의 지배계층이 사용했던 산스크리트어(범어)로 쓰인 기록이 현재까지 전해지고 있다.

　베다 시대는 인도라는 국가가 생성되기 이전이었다. 당시에는 대략 16개에 이르는 고대 부족이 있었는데, 서로 영토 전쟁을 거듭하면서 서서히 왕국이나 도시국가 형태로 발전했다. 수많은 전쟁을 치르면서 승리한 부족은 지배계층으로서 평민부터 노예까지 다스릴 수 있는 통제 시스템이 필요했다. 브라만교는 종교이면서 피지배계층을 다스리는 통제 도구로 사용됐다. 그렇다 보니 인도 카스트 제도가 만들어진 뿌리를 베다 경전으로 바라보는 시각이 있다. 여기서 인간은 태어나면서부터 신분이 결정되며 죽어서 다시 태어나도 그대로 반복된다고 본다. 귀족은 귀족으로, 천민은 다시 천민으로 빙글빙글 돈다며 윤회(輪廻)라는 개념까지 이어진다.

요가의 의미: 결합과 합일
　힌두교에서는 요가를 '실천 생활 철학에 철저함을 추구하는 것'이라고 정의한다. 고대 인도에서 유래한 수행법이다. 종교적으로는 영적 수행자를 위한 고행(苦行)으로 '해탈 또는 깨달음에 이르는 길'이란 의미를 지녔다. 현대에 와서는 '명상과 호흡, 스트레칭을 통해 몸과 마음을 다스리는 수련법'으로 해석한다. 단순하게 건강이나 스포츠 영역으로 보는 것이다. 요가의 어원은 '유즈(yuj)'로 산스크리트어에 뿌리를 두었다. '결합하다', '얽어매다', '묶어 두다' 등의 의미에서 출발했다. '마차에 말을 묶는다'는 의미도 담고 있어서 신과 인간의 결합 또는 인간의 육체와 마음(정신)의 합일을 위한 방법이라고 풀이한다.

파탄잘리와 요가수트라: 요가의 체계화

요가는 인도의 성자라고 불리는 파탄잘리 때부터 수행 체계를 이룬다. 기원전 2세기 무렵 요가의 근원이자 경전인 '요가수트라'가 편찬되었다. 고대 인도에서 내려오는 수행법으로는 라자 요가, 박티 요가, 즈나나 요가, 카르마 요가 등 4대 요가가 있다. 요가는 가장 높은 수준인 삼매(사마띠), 해탈(모크샤)에 도달하기 위한 수행법으로 여겨진다.

파탄잘리의 가르침과 현대 요가에서 의미를 찾아보면 요가는 단순한 신체 운동이 아니다. 몸과 마음, 그리고 영혼의 조화를 이루는 수행법이자 기술이다. 오랜 기간에 걸쳐 요가를 수련하면 수련생은 평화로운 상태에 들고, 자기 주변 세계와 일체가 됨을 느낀다. 현대 사회에서 요가는 신체적, 정서적, 정신적 치유를 위한 중요한 수단으로 자리 잡았다. 사람들은 요가를 통해 스트레스를 해소하고, 유연성을 키우며, 집중력을 향상시키는 등 다양한 효과를 경험한다.

요가가 신체를 강하고 유연하게 만들어 준다는 것을 대부분 알고 있다. 호흡기, 순환계, 소화계, 그리고 호르몬계의 기능을 개선한다는 사실도 잘 알려져 있다. 연구 결과에 따르면 요가는 심혈관 건강을 증진하고, 혈압을 낮추며, 스트레스를 줄이는 데 효과적이다. 미국심장협회(AHA)에서는 요가가 심혈관 건강에 긍정적인 영향을 미칠 수 있다고 보고했다.

깨달음에 이르는 네 가지 길

2000년 전 요가 수행자와 현인들은 자아 인식, 즉 깨달음에 이르는 네 가지 길을 제시하였다.

첫째, 지식의 길(Jnana Marga)

탐구자가 실재와 비(非)실재를 구별하는 지식을 배우는 길이다. 이 길은 철학적 사유와 깊은 자아 탐구를 통해 진리를 찾는 과정이다. 지식의 길을 통해 사람들은 무지에서 벗어나 진정한 자아를 인식하게 된다.

둘째, 봉사의 길(Karma Marga)

보상을 바라지 않는 비이기적인 행동을 통해 자신을 발전시키는 길이다. 이 길은 순수한 동기로 타인을 돕고, 세상에 긍정적인 영향을 미치는 것을 목표로 한다. 봉사의 길은 개인의 이익을 넘어 공동체에 이바지하는 삶을 지향한다.

셋째, 사랑과 헌신의 길(Bhakti Marga)

신에 대한 사랑과 헌신을 통해 자아를 초월하는 길이다. 사랑과 헌신의 길은 감정적인 연결을 통해 신성한 존재와의 일체감을 찾는 과정으로, 종교적 신념과 깊은 사랑이 결합된 형태다. 이 길은 감정적 안정과 내면의 평화를 가져온다.

넷째, 왕의 길(Raja Marga)

마음의 활동을 통제하여 내면의 평화를 찾는 길이다. 이 길은 다양한 요가 수련을 통해 몸과 마음을 조화롭게 하고, 궁극적으로 사마띠에 도달하는 것을 목표로 한다. 왕의 길(요가의 길)은 명상, 호흡 조절, 그리고 신체의 움직임을 포함한다.

[그림 12] 요가를 통한 깨달음에 이르는 길

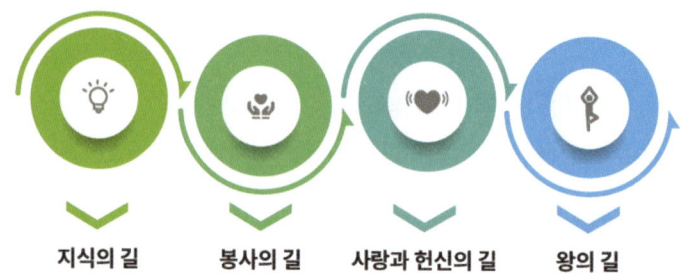

지식의 길　　봉사의 길　　사랑과 헌신의 길　　왕의 길

　네 가지 길은 모두 자아 인식이라는 목적지로 사마띠를 향해 나아간다. 사마띠는 자아와 우주적 자아가 하나가 되는 상태로, 완전한 평화와 영적 깨달음을 의미한다.

파탄잘리의 메시지: 고통 극복과 내면의 평화
　파탄잘리는 요가의 철학적 기초를 다진 인물로 알려져 있다. 그는 '요가수트라'라는 고전적인 경전을 저술하여 요가의 원리와 실천 방법을 체계화했다. 요가의 대가로 알려져 있으며, 완전한 진화를 이룬 영혼으로 여겨진다.

　파탄잘리가 전해 주는 요가 수행의 목표는 대립하는 여러 가지 충동과 생각으로 인한 혼란을 잠재워 마음을 평온한 상태로 이끄는 데 있다. 우리의 생각과 충동은 마음에서 비롯된다. 마음은 본래 이기적인 경향을 지녔다. 이는 일상생활에서 고통과 걱정의 원인이 되는 편견과 선입관을 조장한다. 요가는 이러한 혼란을 극복하는 데 가장 좋은 방법으로, 심장과 뇌 두 영역의 지성에 집중한다.

심장의 지성은 때때로 '근본 마음'이라고 불리는데, 그릇된 자만심의 대리자로서 뇌의 지성을 교란시키고 몸과 마음을 끊임없이 동요하게 만든다. 요가·명상 연구에 따르면 심장은 단순히 혈액을 순환시키는 기관이 아니다. 감정과 기억을 처리하는 기관으로 설명한다. 이러한 사실은 심장과 뇌 간의 상호작용이 인간의 정신적 건강에 미치는 영향을 설명하는 데 도움을 준다.

파탄잘리는 요가수트라에서 고통의 요소를 유형별로 나누었다.
  1) **질병(Vyadhi)**: 고통이나 질병
  2) **무기력(Styana)**: 무기력이나 의욕 부족
  3) **의심(Samshaya)**: 자신이나 상황에 대한 불확실성
  4) **부주의(Pramada)**: 사소한 것에 대한 무관심과 산만함
  5) **게으름(Alasya)**: 활동을 회피하려는 나태함
  6) **감각적 만족에 대한 갈망(Avirati)**: 쾌락을 추구하는 경향
  7) **그릇된 인식(Bhranti Darshana)**: 사실과 다른 잘못된 이해
  8) **집중력 결여(Alabdhabhumikatva)**: 집중할 수 없는 상태
  9) **불안정(Anavasthitatva)**: 마음이 흔들리는 상태

[그림 13] 요가수트라, 인간의 고통 요소

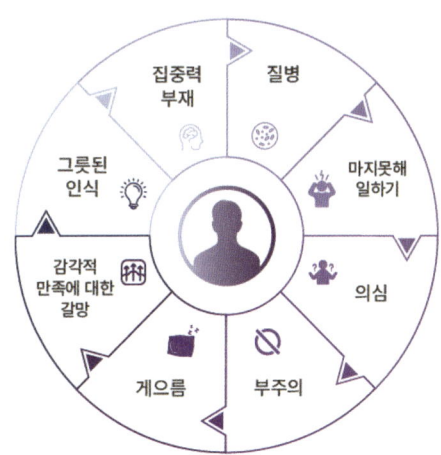

이러한 고통의 원인을 인정해야 요가를 통해 이를 극복할 수 있다. 요가는 마음, 감정, 지성, 이성을 단련시켜 이러한 고통을 완전히 없애는 방법이며, 가장 효과적인 수단 중 하나로 인정받고 있다. 요가는 단순한 신체적 훈련을 넘어 마음의 혼란을 잠재우고, 과학적이고 체계적으로 내면의 평화를 찾는 길이다.

현대 요가: 치유를 넘어선 가치

파탄잘리의 가르침은 현대인들에게도 여전히 유효하다. 요가로 심신의 조화를 이루고, 보다 건강한 삶을 영위할 수 있는 길을 제시한다. 요가는 궁극적으로 '사마띠', 즉 자아 인식에 이르는 여정이다. 자신의 잠재력을 발견할 수 있는 중요한 과정이라 할 수 있다.

요가는 단순히 신체적 건강을 넘어 정서 및 정신 치유를 증진하는 중요한 역할을 한다. 요가를 통해 사람들은 스트레스를 관리하고, 불안감을 줄이며, 전반적인 삶의 질을 향상시킬 수 있다. 요가는 심신의 조화를 이루고, 내면의 평화를 찾는 데 필요한 도구로 자리 잡고 있다.

고대 인도의 요가가 영적 깨달음을 얻기 위한 수행법을 의미했다면 현대에서는 건강한 아름다움을 추구하는 건강과 스포츠 영역으로 일반에 다가왔다. 요즘의 요가를 살펴보면 하타 요가, 아슈탕가 요가, 빈야사 요가, 비크람 요가 등을 찾을 수 있다. 이 밖에도 핫 요가나 파워 요가 등 요가 비즈니스가 커지면서 명칭도 다양하게 등장하고 있다.

"요가는 스스로 내면을 들여다볼 수 있는 거울이다."

- 현대 요가의 아버지, 아헹가

[그림 14] 요가를 통한 심신 균형

06. 명상, 고대 수행에서 현대 비즈니스까지: 마음챙김의 진화
2억 7500만 명이 즐기는 명상, 불교 명상에서 웰니스 산업까지

  기원전 부처의 수행에서 시작한 불교 명상은 존 카밧진 박사와 오프라 윈프리 같은 유명인들의 지지를 받으며 전 세계적인 트렌드로 자리 잡았다. 불교의 지관 수행에서 현대의 다양한 명상법과 명상 애플리케이션까지 명상의 역사와 철학적 의미를 탐구한다.

  마음챙김 명상의 세계적 권위자 존 카밧진 박사, 초월 명상을 즐기는 미국 유명 토크쇼 진행자 오프라 윈프리까지 수년 전 명상 열풍이 전 세계에 휘몰아쳤다. 2027년까지 세계 명상 앱 시장 규모만 약 64억 달러(약 9조 원)를 훨씬 넘을 것으로 전망된다.

  구글 트렌드 등에 따르면 2023년 말 기준 세계 80억 인구 중 약 2억 7500만 명이 정기적으로 명상을 한다. 국내 불교의 템플스테이 참가자만 644만 명이라니 인기가 수그러들지 않고 있다.

불교 명상의 출발: 싯다르타에서 부처로
  기원전 500년경 히말라야산맥 아래 카필라 왕국에 고타마 싯다르타 왕자가 태어났다. 싯다르타는 29세에 출가해 목숨을 잃을 정도의 육체적 고행을 하고, 인도보리수 아래서 명상하면서 사문 수행자로 6년을 보냈다. 35세에 석가모니로 불리며 불교의 교조이자

창시자인 '깨달음을 얻은 사람', 부처가 됐다. 이후 인도 불교는 기원전 3세기 아소카왕 시대에 전성기를 맞이하며 인도 전역뿐만 아니라 동남아, 중국, 한국 등 세계 각지로 영향력을 넓혀 나갔다.

불교의 두 갈래: 소승과 대승

불교는 크게 소승불교와 대승불교로 구분할 수 있다. 소승불교는 원시불교, 부파불교, 남방불교 등으로 불리는데, 현재는 상좌부 불교라는 이름으로 아시아 남방 지역에 퍼져 있다. 대승불교는 실크로드를 타고 아시아 북방 지역에 자리 잡아 북방불교로 불린다. 대승은 '큰 수레'라는 의미로 큰 수레에 많은 중생을 태워 구제한다는 대중적인 불교의 의미를 담았다. 승려만을 위한 폐쇄적 종교였던 소승불교와 다르게 민중에게 널리 보급해 모든 중생이 부처가 될 수 있다는 가치관을 제시했다. 한국, 중국, 일본 등 북방 아시아에 대승불교가 퍼지면서 크게 발전했다. 우리나라는 중국을 거쳐 고구려에 맨 먼저 들어왔다. 고구려와 백제 승려들은 일본까지 건너가 불교 전파에 큰 공헌을 했다.

지의와 원효: 지관 수행의 체계화

중국 수나라 시대의 천태대사 지의(538~597)는 여러 수행법을 종합적으로 정리하여 체계화했다. 천태대사는 중국에서 천태종을 바로 세우고 교관겸수(教觀兼修) 사상을 완성하면서 중국의 작은 석가모니로 불린 인물이다. 그는 실천적 불교 수행법으로 『마하지관(摩訶止觀)』, 『육묘법문(六妙法門)』 등을 저술하며 지관(止觀)을 중심으로 수행 체계를 확립했다. 이른바 '마음을 고요히 하여 진리의 실상을 관찰하는 불교 수행법'으로서 이른바 선(禪) 수행 가이드를 제시했다.

신라시대 원효대사도 지관 수행에 대해 상세히 설명하고 중요성을 강조했다. 이는 고려시대 의천(1055~1101)까지 이어지며 이후 고려 후기의 보조국사 지눌(1158~1210)이 주창한 정혜쌍수(定慧雙修) 사상에 영향을 끼쳤다. 현대의 참선 수행으로 이어졌다.

명상의 정의와 어원

국어사전은 명상(冥想·Meditation)을 '눈을 감고 차분한 마음으로 깊이 생각함'이라고 풀이한다. 영어 '메디테이션(Meditation)'의 어원은 라틴어 '메디타리(Meditari)'로 '마음으로 생각하다'라는 의미에서 출발한다. 구약성서에서는 묵상(默想)이라는 의미로 히브리어 '하가(Hagah)'가 사용됐다. 오늘날 이슬람과 유대교 등에서 종교적 묵상으로 지금까지 사용하고 있다. 여기서는 명상을 '눈을 감고 고요한 마음으로 믿음의 신을 만나는 의식' 정도로 이해하면 충분하겠다.

사마타와 위빠사나: 명상법의 두 가지 축

명상법은 '사마타'와 '위빠사나' 두 개로 구분된다. 쌍둥이가 있다고 가정할 때 첫째 아이 이름은 사마타, 둘째 아이는 위빠사나라고 하자. 첫째 사마타는 집중력이 뛰어나고, 둘째 위빠사나는 통찰력이 남다르다. 사마타는 스트레스가 생기면 심호흡을 하면서 번잡한 마음을 가라앉히는 집중 명상을 자주 한다. 위빠사나는 화가 솟구쳐 감정 조절이 안 될 때 실제 상황을 관찰하여 분노라는 감정을 지혜롭게 흘려보내는 통찰 명상을 한다. 이를 현대 명상법과 연결하면 '사마타-집중 명상', '위빠사나-통찰 명상'이라 할 수 있다.

[그림 15] 사마타 명상과 위빠사나 명상

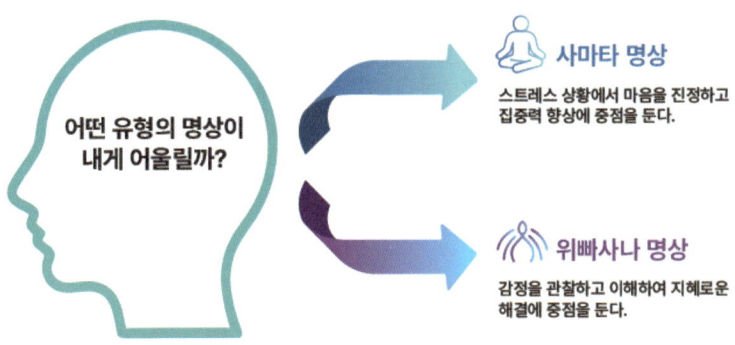

오늘날 대중적 명상의 뿌리는 '지관(止觀)'이라는 수행법에서도 찾을 수 있다. 지관은 지(止·사마타)와 관(觀·위빠사나)을 합친 합성어로 역시 쌍둥이처럼 함께 다닌다. 지는 멈춤이라고 부른다. 정신을 집중해 마음을 고요하게 만드는 수행을 말한다. 관은 통찰이나 알아차림, 마음챙김이라고 부르는데, 실제 현상을 그대로 꿰뚫어 보고 지혜를 얻는다는 의미가 있다. 이 둘을 묶어서 '지관'이라고 부른다. 마음을 고요히 해 진리의 실상을 관찰하는 수행법이다. 지관에서 가리키는 멈춤과 통찰, 이 두 가지 모두를 경험해야 비로소 깨달음에 이르는 올바른 수행이 된다.

마음챙김: 현재에 집중하는 명상

마음챙김은 인도의 명상법 사티에서 출발한다. 사티는 '기억하다'는 뜻으로 종교적 깨달음을 얻는 방법에 기초한다. 지금, 이 순간에 집중해 자신의 마음을 챙기는 명상법이다. 이미 지나간 일이나 오지 않은 미래에 대한 걱정보다는 지금의 순간에 집중하라고 가르친다. 자기 마음의 현재 상태를 알아차리면 부정적 감정이나 우울, 불안과 관련된 스트레스를 완화할 수 있기 때문이다. 갑자기 화가 치밀어 올랐을 때 스스로 화난 상태를 지각하는 것만으로도 신체가 비상등을 켜서 신경 회로가 몸을 이완하도록 긴급 조치를 내리게 된다. 현대 서구적 맥락에서 마음챙김의 대중화에 기여한 사람은 허버트 벤슨과 존 카밧진이다.

현대 명상: 다양한 방법과 비즈니스 모델

현대 명상에서는 초월 명상, 호흡 명상, 좌식 명상, 걷기 명상, 음악 명상, 뇌호흡 명상, 싱잉볼 명상, 차(茶) 명상 등 다양한 명상법을 소개한다. 방법, 수단, 도구에 따라, 특정 목적이나 비즈니스 때문에 만들어진 명칭이 너무 많다. 특정 명칭이나 복잡한 절차에 혼란스러워할 이유가 없다. 그저 긴장과 이완에 필요한 숨을 쉬기 때문에 호흡 명상으로 부른다. 걷는 동작을 취하면서 명상하기 때문에 걷기 명상이다. 싱잉볼이라는 도구를 사용해서 싱잉볼 명상이다. 음악을 들으면서 명상을 하면 음악 명상이다. 스트레스가 가득한 현대인들이다. 복잡한 명상 때문에 스트레스를 더 받지 않았으면 좋겠다.

[그림 16] 현대인을 위한 다양한 명상법

명상 상품이 고부가 비즈니스 모델로 성장했다. 값비싼 교습비를 내야만 익힐 수 있는 분위기라 명상에 다가서기가 쉽지 않다. 애플리케이션으로 출시한 프로그램에는 신뢰가 가지 않는다. 혼자 유튜브 영상이라도 참고해 배우려고 하면 막막하다. 명상이 필요하다면 단순하게 생각하기를 제안한다. 이미 체계화한 명상법은 차고 넘친다. 중요한 원칙은 일상에서 멈추지 말고 꾸준하게 행하여 습관을 만드는 것이다. 그래야 비로소 나만의 명상으로 몸에 남는다. 종교에서의 엄격한 수행에서 벗어나 자신의 정신건강을 위한 도구로 이해하면 더 수월하겠다.

"세 살 먹은 어린아이도 알 수 있으나,
여든 살 먹은 노인도 행하기 어렵다."

- 법구경

명상·요가 트렌드 키워드 2025

1. 아보하(아주 보통의 하루)
'아주 보통의 하루'를 줄여서 '아보하'라고 한다. 아주 행복하지도, 아주 불행하지도 않은 평범한 하루를 가리킨다. 무탈하고 평온한 하루를 소중하게 여기는 태도를 의미한다. 아무런 사고 없이 무탈하게 하루를 보내고 가족과 함께 또는 혼자 집에서 평범한 시간을 보내며 '보통의 행복'에 감사함을 느낀다. 아보하를 추구하는 이들은 가벼운 명상, 혼자 여행, 독서 등 자기 관심거리에 일상의 무게를 둔다. 작고 순수한 것들이라는 의미의 '무해력(Embracing Harmlessness)'과 함께 2025년 트렌드 키워드로 알려졌다.

2. 명상 애플리케이션 구독 서비스
제 세계에서 사랑받는 명상 애플리케이션 5개를 꼽으라면 캄(Calm), 헤드스페이스(Headspace), 인사이트 타이머(Insight Timer), 아우라(Aura), 스마일링 마인드(Smiling Mind)를 꼽을 수 있다. 유료인지 무료인지에 따라 사용 가능한 범위가 달라진다. 스트레스 완화, 수면 개선, 마음챙김 명상 등의 효과를 제공한다. 누구나 스마트폰으로 간편하게 명상 서비스를 이용할 수 있다.

3. 하이브리드 요가 프로그램
요가와 다른 운동을 결합한 형태의 활동을 말한다. 각종 도구를 활용하는 방법부터 동물과 함께하는 요가 프로그램까지 포함한다. 플라잉 요가, 맥주 요가, 도가(Doga: Dog+Yoga), 힙합 요가, 아크로 요가 등 다소 논란을 불러일으키는 요가 형태도 있지만, 요가의 대중화를 이끌고, 인기를 모으는 요가 프로그램이 만들어지고 있다.

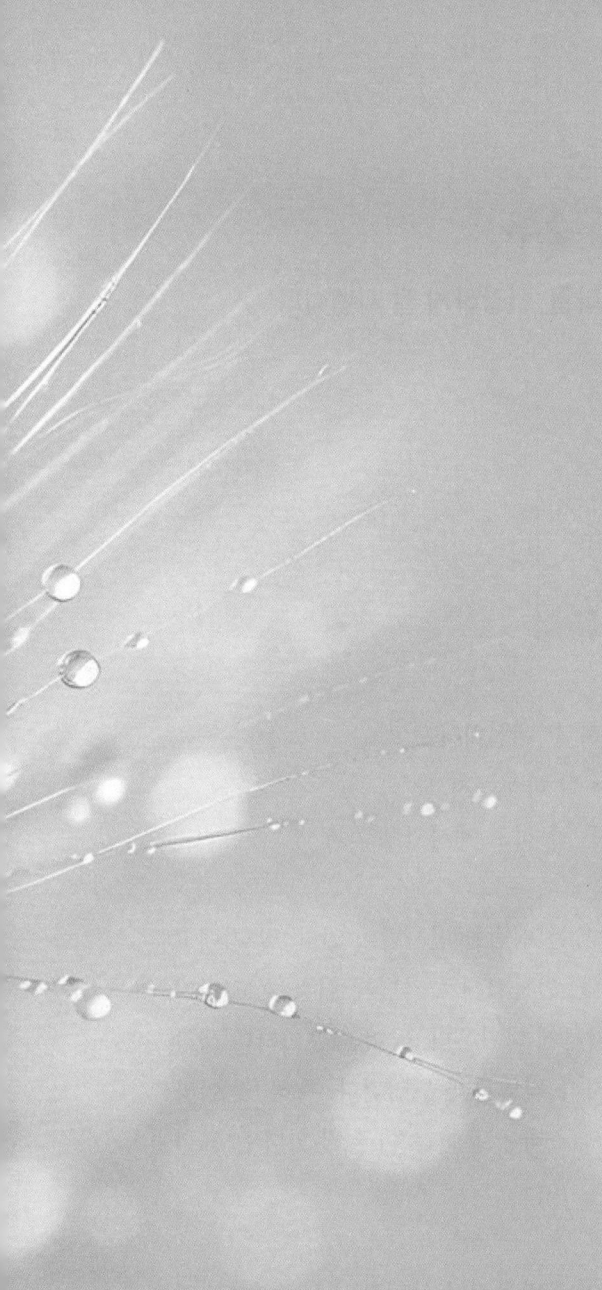

쉼과 여유

2부
웰니스 라이프스타일_건강하게 잘 지냅니다

"안녕히 잘 계십니까?"
"식사는 잘 하시는지요?"
"직장 생활은 잘 하고 계시지요?"

매일 누군가를 만나면 떠오르는 평범한 인사말이 있다. 잘 지내고 있었느냐며 안부 인사를 한다. 인사치레로 가볍게 여길 수도 있지만, 그 안에 담긴 의미가 진지하게 다가온다. 나이 때문이려니 생각이 들지만, 이제는 이런 인사가 각별하게 느껴진다. 특히 '잘'이라는 단어가 귓가를 맴돈다. 웰니스라는 용어는 '아주 잘 있다'는 표현과 꽤 잘 어울린다.

'잘'의 사전적 의미는 '무엇이 올바르거나 상태가 좋은 것'이다. 영어 '웰(Well)'로 바꾸면 큰 무리가 없다. 그렇다면 '잘 있다'는 무슨 말일까? 일상을 어떻게 보내고 있다는 뜻일까? 그 의미를 몇 가지 유추해 보면 '아프지 않아 건강하다', '사고 없이 안전하다', '직장이나 사업에 문제가 없다', '주위 사람들과 잘 지낸다' 등을 생각해 볼 수 있겠다.

웰니스 라이프스타일이란 '건강, 행복, 삶의 질을 추구하는 생활양식'을 말한다. 건강과 행복을 추구하는 인생관이나 생활 방식 정도로 이해하면 적당하다. 학술적 접근이 부족해 보이는 느낌이 드는 것은 아무래도 비즈니스 쪽에서 먼저 사용한 용어이기 때문이다. 2011년 LG경제연구소가 발표한 '2011 소비자 라이프스타일' 보고서에서 주목할 만한 용어로 라이프스타일을 사용하면서 마케팅, 디자인, 심리학 영역에서 본격적으로 사용하기 시작했다. 웰니스를 추구하는 소비자의 라이프스타일과 맞물리면서 지속적인 관심을 받고 있다.

4장. 해양 치유, 웰니스 관광의 새로운 지평을 열다
허동수

07. 뜨끈한 해수 온천과 겨울 바다, 한국형 해양 치유 본격 시동
프랑스 생말로의 성공 비결을 넘어 바다의 힘으로 세계 시장을 열다

해양수산부가 지정한 해양치유센터 4곳을 통해 해양 치유 도시 프랑스 생말로 같은 웰니스 관광의 새로운 가능성을 모색한다. 해양 치유의 개념부터 국내 현황, 그리고 세계 시장 진출 가능성까지 심층적으로 살펴본다.

겨울철 유럽인들은 프랑스 북서부 브르타뉴 지방의 생말로를 즐겨 찾는다. 인구 4만여 명의 작은 항구 도시지만, 생말로는 해양 치유 관광의 성공 모델로 널리 알려졌다. 이 도시는 13~14세기의 성벽으로 둘러싸인 구시가지가 아주 매력적이다. 매년 약 150만 명의 관광객을 끌어들이며 특히 겨울철 탈라소테라피로 유명하다.

생말로: 탈라소테라피의 성지
생말로의 대표적인 해양 치유 기업 레테름마랭드생말로는 현대적인 시설에서 따뜻한 해수 온천욕, 해수 진흙 요법, 수압 마사지 등을 제공한다. 이곳은 겨울철이면 탈라소테라피를 원하는 고객으로 항상 예약이 꽉 차 있을 정도로 유명하다. 숨 막히게 멋진 바다가 있고, 피부 질환 완화, 염증 치유 등 다양한 건강 개선 효과를 경험할 수 있는 곳으로 사랑받는다.

탈라소테라피란 무엇인가?

'탈라소테라피(thalassotherapy)'는 그리스어로 '바다'를 뜻하는 탈라사(thalassa)에서 유래했다. 바다, 즉 해수를 활용한 치유법을 의미한다. 이 치유법은 프랑스의 조제프 라 보나르디에르 박사가 1865년 처음 개념을 정의하면서 본격적으로 알려지기 시작했다. 탈라소테라피는 현재 해수 화장품, 건강·기능성 식품, 스파 제품 등 다양한 형태로 발전하여 전 세계 시장에 공급되고 있다.

생말로는 이러한 해양 치유 관광 모델을 통해 지역 경제를 활성화했다. 웰니스와 관광 산업이 결합한 글로벌 트렌드의 모범 사례로 자리한다. 이 작은 항구 도시는 자연 자원을 활용한 혁신적인 접근법으로 해양 치유가 가진 잠재력을 세계에 증명하고 있다. 현재 프랑스에는 해양 요법 시설이 80여 개에 달하는데, 매년 90만 명이 방문해 체험한다.

해양치유센터 '완도, 태안, 울진, 고성', 관광객 본격적인 유치

한국에서도 해양 치유가 웰니스 관광의 핵심 키워드로 떠오르고 있다. 이를 위해 해양수산부는 4개의 해양치유센터를 지정하며 체계적인 육성에 나섰다. 이 가운데 전남 완도군이 '스포츠 재활형' 해양치유센터를 2023년 11월 가장 먼저 개관했다. 총공사비 약 320억 원이 투입된 이 센터는 7740㎡ 규모의 지하 1층, 지상 2층 건물로 설계됐다. 해양 치유 관광의 새로운 가능성을 실험하는 선도적인 모델로 기대되고 있다. 완도군은 이 센터를 통해 웰니스와 치유를 결합한 관광 상품의 잠재력을 확인하며 국내외 방문객을 유치하고, 지역 경제 활성화를 도모하고 있다.

충남 태안군 해양치유센터(레저복합형)는 2025년, 경북 울진군 해양치유센터(중장기 체류형), 경남 고성군 해양치유센터(기업 연계형)는 2026년 완공을 목표로 공사를 진행 중이다. 태안군과 울진군은 각각 340억 원, 고성군은 305억 원의 공사비를 들여 약 1000억 원 규모의 해양 치유 인프라를 구축하고 있다. 각 센터는 지역의 고유한 자연환경과 특색을 반영한 해양 치유 프로그램을 개발해 국내외 방문객들에게 독창적인 치유 경험을 제공할 계획이다.

[그림 17] 전국 4대 해양치유센터 현황

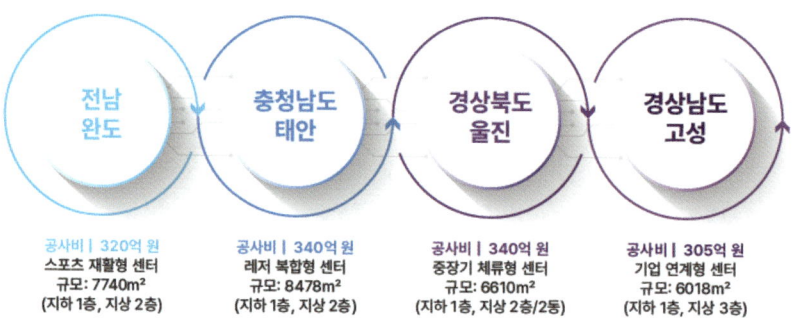

해양관광 시장의 성장과 해양 치유의 가능성

한국해양수산개발원(KMI)의 최근 데이터에 따르면 대한민국의 해양 치유 산업이 빠르게 성장하고 있다. 해양관광 시장의 소비 규모가 지속적으로 증가하고 있어 세계 시장에서의 가능성도 예상된다.

한국해양수산개발원이 최근 5년간(2019~2023년) 신용카드 매출액을 분석한 결과 우리나라 연안 지역 상권 규모가 약 65조 원을 넘어섰으며, 해양관광 시장 소비 규모는 약 40조 9000억 원으로 계속 증가하고 있다. 부산, 전남, 경남 순으로 소비 규모가 큰데, 이는 바닷가에 대한 매력도가 상승하면서 해양관광 수요가 증가하고 있다는 해석을 가능하게 한다.

 해양관광은 해안선에 인접한 육지와 바다의 공간에서 이루어지는 다양한 활동을 포함한다. 이 범위에는 윈드서핑, 스쿠버다이빙, 수상스키와 같은 해양 스포츠는 물론 바다수영, 낚시, 갯벌 체험 등 휴식 및 휴양형 활동이 포함된다. 특히 해양 치유는 정부의 정책적 지원에 힘입어 빠르게 성장하고 있다. 이러한 수요 증가와 정부 지원은 해양 치유의 성공 가능성을 더욱 높이고 있다.

한국형 해양 치유의 발전을 기대하며

 2023년 11월 24일 해양수산부가 국내 최초로 완도군 신지 명사십리 해수욕장에 조성한 완도해양치유센터 개관식을 개최했다. "지친 몸과 마음, 바다로 치유하세요"라는 슬로건 아래 전국 4개 해양치유센터의 본격적인 시작을 알렸다. 이는 한국형 해양 치유 모델을 정립해 관련 산업을 육성하겠다는 정부의 의지를 보여 준 것이다. 이러한 산업 육성 전략은 프랑스 생말로의 탈라소테라피와 독일 북해 노르더나이섬 바데하우스 내의 쿠어오르트 등 유럽의 성공적인 해양 치유 모델에서 영감을 얻은 것으로, 한국형 해양 치유 산업의 발전 가능성을 시사한다.

 국내 풍부한 해양 자원을 활용한 해양 치유 산업은 국민 건강 증진이라는 사회적 목표와 지역 경제 활성화라는 경제적 목표를 동시에 달성할 수 있는 미래 전략 산업으로 성공 가능성이 충분하다. 특히 단순한 관광 산업을 넘어 복지, 보건, 환경, 교육 등 다양한 분야와의 융복합을 통해 고부가가치의 통합 상품 모델 개발을 기대할 수 있다는 점에서 산업적 잠재력이 높다.

 이러한 산업적 잠재력을 현실화하기 위해서는 정부의 전략적 지원이 필수다. 물리적 인프라 투자와 더불어 해양 치유 서비스 프로그램의 질적 향상 및 보급 확대를 위한 정책적 지원이 필요하다는 의미다. 독일 쿠어오르트의 사례에서 볼 수 있듯이 사회보장 시스템과의 연계, 즉 건강보험을 통한 재활 및 회복 치료 비용 부담을 줄이면 해양 치유의 접근성을 높이고, 산업 규모를 확장할 수 있다. 프랑스 생말로의 성공 요인으로 꼽히는 다양하고 전문적인 해양 치유 프로그램과 우수한 전문 인력 양성은 중요한 벤치마킹 대상이다.

 국내 해양 치유 산업의 성공적인 안착과 성장을 위해서는 건강보험 연계 모델 개발과 같은 제도적 기반 마련, 해양 치유 전문 인력 양성 시스템 구축 등 현실적인 정책 노력이 시급하다. 한국형 해양 치유가 국내외 시장에서 경쟁력을 갖춘 독자적인 웰니스 브랜드로 자리매김하며 관련 산업 발전에 이바지할 수 있기를 기대한다.

용어 설명

쿠어오르트

　쿠어오르트(Kurort)는 '치료, 요양'이란 뜻의 '쿠어(Kur)'와 '장소'를 의미하는 '오르트(Ort)'의 합성어다. 로마 시대부터 뜨거운 증기나 광천수 등을 치료 목적으로 이용했다는 기록이 있다. 독일에서는 1581년 바트슈발바흐 지역에 쿠어오르트가 있었는데, 1632년 요한 노프가 아헨 지역에 치료를 목적으로 치료소를 운영했다. 현대적인 형태의 쿠어오르트는 18세기 영국에서 중상류층을 위해 처음 열렸고, 이후 19세기부터 유럽 대륙으로 퍼져 나갔다. 현재 독일에는 350여 개의 쿠어오르트가 있다. 각각의 쿠어오르트에서는 지역과 특성에 맞게 고유의 치료 프로그램을 운영하고 있다.

08. 테일러 스위프트부터 웰니스까지, 관광 트렌드의 진화: 경험과 힐링을 찾아서

단순한 명소 관광을 넘어 콘텐츠와 웰니스가 중심이 되는 새로운 여행 시대

테일러 스위프트 효과를 넘어, 웰니스 관광이 현대인의 새로운 여행 트렌드로 떠오르고 있다. 팬덤 경제와 K콘텐츠의 가능성, 그리고 몸과 마음의 건강을 추구하는 웰니스 관광의 미래를 조망한다.

테일러 스위프트의 월드투어가 전 세계 경제에 미치는 파급력에 주목한다. 인기 스타들의 공연과 명소를 중심으로 한 관광 상품이 해외여행 수요를 끌어모으며, 한국도 이 흐름에 발맞추고 있다.

테일러 스위프트 효과: 팬덤 경제의 힘

월스트리트저널의 '테일러노믹스', 블룸버그통신의 '싱가포르 국내총생산(GDP) 성장률 2.5% 상향 조정', 영국 중앙은행의 '스위프트노믹스', 애리조나주의 글렌데일 '스위프트시티', 플로리다주 힐즈버러 '스위프트버러', 텍사스주 알링턴의 '테일러 스위프트 주간', 독일 겔젠키르헨의 '스위프트키르헨'….

'테일러 스위프트 효과'로 생겨난 말들이다. 테일러 앨리슨 스위프트를 그저 팝스타 가수라고 설명하기에는 부족하다. 타임지 선정

2023년 올해의 인물, 그래미 어워드 7회 수상, 아메리칸 뮤직 어워드 11회, 컨트리 뮤직 어워드 7회, 전 세계 2600만 장 음반 판매, 디지털 음원 7500만 건 판매, 영화 '더 기버: 기억 전달자', 'CSI: 과학수사대', '밸런타인데이' 출연, 전 세계 투어 콘서트 '디 에라스 투어' 등의 그녀에게는 가수, 작곡가, 영화배우 등 따라붙는 수식어가 넘쳐난다.

 지난 2023년 3월 17일 미국 애리조나주 글렌데일에 위치한 스테이트팜 스타디움에서 시작된 '디 에라스 투어(The Eras Tour)'는 전 세계를 뒤흔들었다. 테일러 스위프트는 2024년 12월 8일 캐나다 밴쿠버 BC플레이스 공연까지 약 1년 8개월간 5개 대륙, 53개 도시를 돌며 149회 공연을 소화했다. '디 에라스 투어'는 음악사상 최초로 20억 달러(약 3조 원)가 넘는 티켓 판매액을 기록하며 새로운 역사를 기록했다. 미국 시애틀 루멘필드 공연은 운집한 7만여 명이 뛰는 탓에 규모 2.3 지진과 맞먹는 땅 흔들림이 관측되며 세계인의 관심을 모았다.

 테일러노믹스는 '테일러'와 '경제'를 합친 신조어다. 한마디로 스위프트가 뜨면 돈이 된다는 얘기다. 그녀의 공연 '디 에라스(The Eras)'의 경제적 효과는 상상을 초월한다. 스위프트의 열성 팬인 '스위프티스' 팬덤 때문이다. 이들은 콘서트가 열리는 공연장 근처 호텔을 꽉 채우고 음식점과 술집에서 돈을 아끼지 않고 소비한다. 이 때문에 공연 기간에는 개최 도시들이 아예 '스위프트시티'로 도시명까지 바꾸고 각종 이벤트를 함께 터트린다. 싱가포르 공연에서는 약 30만 명이 넘는 인파가 몰리며 호텔과 항공 수요가 30% 급증했다. 싱가포르는 GDP를 기존 2.3%에서 2.5%로 올리는 이른바 '스위프트 효과'를 톡톡히 누렸다.

K팝과 K콘텐츠, 매력적인 관광 자원으로

이와 같은 현상은 단순히 테일러 스위프트에 국한되지 않는다. 이제는 인기 스타를 중심으로 글로벌 공연에 돈을 아끼지 않는 팬덤 여행객이 몰려다니는 현상을 당연하게 여긴다. 대한민국의 K팝 스타들, 예를 들어 BTS(방탄소년단), 빅뱅의 지드래곤, 블랙핑크의 로제, 아이브, 에스파 등 K팝 스타가 펼치는 공연이 전 세계의 글로벌 팬들을 끌어모으고 있다. 이들은 매력적인 관광 콘텐츠가 됐다. 이들의 공연과 방문하는 장소 모두가 여행 콘텐츠이며, 관광 상품이고, 관광 자원이라는 말이다.

관광지 매력성은 관광지가 여행자들의 욕구를 충족시켜 만족감을 주는 능력으로 풀이된다. 이는 자연경관뿐만 아니라 편의시설과 문화 콘텐츠를 포함해 여행객이 느끼는 감정과 의견을 포함하는 개념이다. 기존의 멋진 산과 바다 같은 자연경관만으로는 한계를 느끼는 관광지에서는 문화 콘텐츠를 활용해 해외여행 수요를 흡입할 기회를 찾아야 한다. 인기 스타의 공연, 블록버스터 영화의 촬영지, 인기 드라마의 배경, 베스트셀러 작품 속 배경지 등 문화 콘텐츠를 살리면 해외여행 수요를 흡입하는 요인으로 활용할 수 있다. K콘텐츠가 바로 관광 자원이다.

웰니스 관광: 몸과 마음의 건강을 찾는 여정

미국 캘리포니아의 스피릿 록, 프랑스의 플럼 빌리지, 남아공 BRC

명상 공동체, 캐나다 감포 수도원, 태국 수안 모크 명상 공동체….

전 세계가 웰니스 관광에 주목하고 있는 가운데, '요가, 명상, 생태'를 온몸으로 느끼기 위해 전 세계인들이 모이는 장소가 있다. 인도 남부 타밀나두주 첸나이 국제공항에서 차로 3시간 정도 달리면 한 시골 마을에 도착한다. 바로 오로빌 공동체 마을이다. 25㎢ 규모의 생태공동체 마을로 세계 각국에서 온 약 3000명이 거주한다.

인도의 사상가이며 요가 전문가인 스리 오로빈도의 정신을 함께 한 프랑스인 미라 알파사가 1968년 2월 28일 창립했다. '마더'라고 불린 알파사는 종교, 정치, 국적을 떠나 자연과 인간이 평화롭게 살 수 있는 공동체를 만들고자 했다. 여기에 동의하는 124개국 젊은이들이 자율적으로 형성한 곳이 오로빌이다. 하루 방문객만 3000~7000명에 이른다. 오로빌 여행과 장기간 체류를 '마음의 평화'라고 말한다.

정부의 치유와 웰니스 관광 육성과 지원책

'치유관광산업 육성에 관한 법률'(이하 치유관광산업법)이 국회를 통과했다. 세계적으로 '웰니스관광'으로 통용되는 '치유관광'을 법률로 제정하여 본격적으로 육성하고 지원하겠다는 표시다. 2023년 세계 웰니스관광 시장 규모는 8302억 달러(약 1207조 원)로 2028년까지 연평균 10.2% 성장을 전망했다. 문화체육관광부는 "최근 전 세계적인 관광의 흐름은 몸과 마음의 건강을 동시에 추구하는 여행"이라며 그 중요성을 강조했다. 국내의 다양한 치유 자원을 관광과 연계해 전 세계인을 끌어모은다는 의지를 밝혔다.

2025년 문화체육관광부와 한국관광공사는 신규 우수 웰니스 관광지로 전국 11곳을 선정했다. 힐링과 명상을 위한 웰니스 관광지로 해남군 대흥사(www.daeheungsa.co.kr), 평택시 복합문화공간 트리비움(trivium3113.co.kr), 경상남도 하동야생차문화센터(www.hadongteamuseum.org)를 지정했다. 한방 테마에는 전라남도 마음건강치유센터(mindnbodycare.co.kr), 인천 강화군 약석원(yakseokwon.com)을 선택했다. 2017년부터 시작한 '웰니스 관광지' 사업이 벌써 전국 88곳이다. 정부는 선정된 웰니스 관광지에 대한 국내외 홍보와 상품 개발, 웰니스관광 마케팅 등으로 관광객 유치에 박차를 가할 예정이다.

강원도 정선의 파크로쉬: 웰니스 관광의 성공 사례

강원도 정선의 외딴 시골인 북평면 숙암리의 '파크로쉬 리조트'가 높은 만족도로 여행객들로부터 호평을 받고 있다. 이곳 주변에선 맛집이나 유명 카페조차 찾기 힘들다. 여행객에게 '힐링과 휴식'을 제공한다는 웰니스 콘셉트로 국내외 여행객을 유혹하고 있다. 2018년 국내 우수 웰니스 관광지로 선정된 데 이어 글로벌 여행 전문지 트래블앤드레저가 주관하는 시상에서도 한국의 해변과 지방 호텔 부문 1위를 차지하는 등 우수성을 보였다. 파크로쉬에서 진행하는 아침 11시 웰니스 프로그램에만 1년 동안 6만여 명이 참여했다.

매력적인 콘텐츠로 삶의 질을 높이는 웰니스 관광

웰니스 관광은 국내뿐만 아니라 전 세계인들이 몸과 마음의 건강을 찾기 위해 떠나는 새로운 여행 트렌드로 자리 잡았다. 복잡하고 스트레스 가득한 도시의 일상이 '휴식과 회복'이라는 체험을 매력적으로 만들었기 때문이다. 여기에 아시아 지역의 종교와 이국적 문화가 매력 요소로 작용했다. 매력은 '사람의 마음을 사로잡아 끄는 힘'이라는 말이다. 여행이라는 시각에서는 '여행객을 유혹해서 이끄는 요소'라고 풀이할 수 있다. 이러한 웰니스 관광의 매력을 기반으로 더욱 많은 사람이 건강과 행복을 추구하는 여행을 통해 삶의 질을 향상시킬 수 있기를 기대한다.

쉼과 여유

5장. 내 몸을 이해하는 웰니스 식생활

김병윤·김세규

09. 약식동원(藥食同源), 건강의 뿌리를 찾아서: 올바른 식습관 찾기

소화 과정부터 영양소 섭취까지, 건강한 식생활의 기본 과정

소화 과정에 대한 이해는 '약식동원'이라는 단어를 떠올리게 한다. 올바른 식습관이 건강의 근본임을 밝히며 소화 과정, 영양소 섭취, 자연식품의 중요성을 알아본다.

**다음은 고등학교 과학탐구 시간에 나온 개념 문항이다.
제시된 내용에 대해 O, X로 표시하는 질문지다.**

① 물은 대장에서 소화된다. (　)
② 우리가 먹는 영양소는 소장의 융털에서만 흡수된다. (　)
③ 알코올은 위장에서 분해된다. (　)

이 가운데 올바르게 설명한 문항은 무엇일까? 안타깝게도 모두 '×'다. 잘못된 설명으로 작성된 문항들이다. 오답을 올바르게 고치면 '① 물은 소장과 대장에서 흡수된다. ② 소장에 있는 융털의 모세혈관으로는 수용성 양분이 흡수된다. ③ 알코올은 위에서 소화되어 간에서 분해된다.' 이렇게 바꿔야 맞다. 간단하지만 음식물이 우리 몸에서 소화되는 과정을 이해하는 것은 올바른 식습관을 갖는 첫걸음이다.

약식동원(藥食同源): 음식과 건강의 깊은 연결

'약식동원'이란 약과 음식은 근원이 같다는 뜻이다. 의학의 아버지라 불리는 히포크라테스는 "음식으로 고치지 못하는 병은 의사도 고치지 못한다"며 음식 섭취의 중요성을 강조했다. 식생활이 가장 중요하며 건강의 기본이라는 의미를 담았다.

24시간의 여정: 소화 과정을 따라가며

음식물을 섭취하면 24시간 정도 걸리는 소화 과정부터 출발해 본다. 음식이 소화되는 과정을 따라가면 올바른 음식 섭취 방법도 이해할 수 있다. 음식물은 입으로 들어가면 저작 운동과 함께 침이라는 소화액으로 버무려져서 식도를 통해 위로 보내진다. 이때 걸리는 시간은 대략 30초 정도다. 위로 이동한 음식물은 약 4~6시간, 그리고 소장에서 5~7시간, 마지막 대장에서 10시간 정도 머문 뒤 직장으로 이동해 남은 찌꺼기를 바깥으로 배출한다. 물은 소변으로 배출되기까지 30~120분 정도 걸린다.

우리가 섭취하는 음식물은 큰 탄소화합물 덩어리다. 인체에서 에너지원으로 바로 사용하기에는 너무 크다. 그래서 몸속 소화 기관에서 작게 해체하고 분해해야 미세한 세포벽을 통과할 수 있다. 우선 입의 저작 운동과 위장의 분쇄 작용으로 큰 음식 덩어리를 잘게 쪼개어 운반하는 작업을 진행한다. 이때 음식물을 분쇄하면서 소화액인 침이나 위산, 담즙을 섞어서 흡수되기 좋은 형태로 버무려 가수 분해한다. 그래야 소장 점막을 통과할 수준으로 바뀐다.

소장에서 영양분 대부분이 혈관에 흡수되어 혈액을 타고 간으로 보내져 에너지원으로 사용된다. 소장에서 소화되고 남은 잔류물은 대장으로 내려간다. 여기서부터는 대변이라고 부르는데, 물은 대부분 대장에서 흡수된다. 소화되고 남은 잔류물이 대장에서 머무는 시간이 길고 물의 흡수가 지나치면 변비가 되며, 반대일 때에는 설사가 된다. 장에서 흡수된 물은 혈액에 녹아서 신장으로 이동한 뒤 소변으로 만들어지고 방광으로 배설된다. 상식 수준인 듯한 소화 과정만 이해해도 올바른 식생활에 한 발짝 다가서기가 한층 수월해진다.

[그림 18] 음식물의 소화 과정

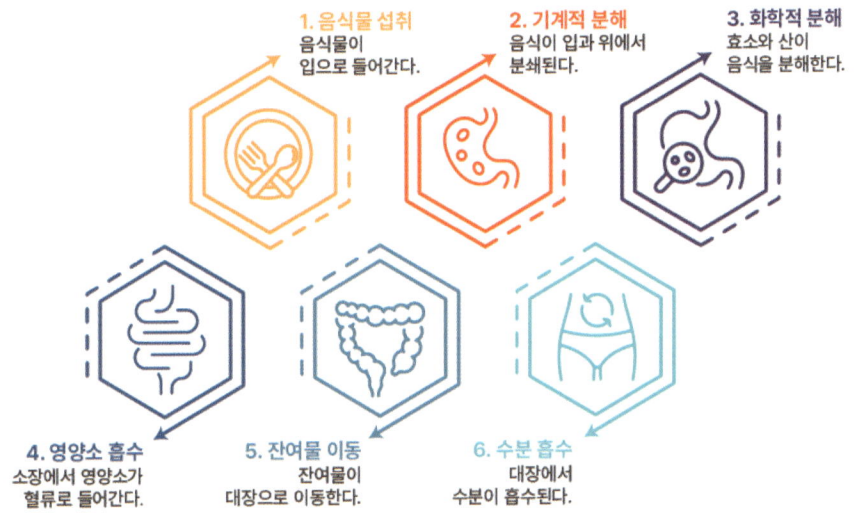

탄단지, 비타민, 무기질: 우리 몸에 필요한 영양소

음식을 먹는 이유는 영양소를 얻기 위한 것이다. 흔히 '탄단지'라고 부르는 탄수화물, 단백질, 지방이 주 영양소(3대 영양소)로 우리 몸에서 에너지원으로 주로 사용된다. 나머지는 비타민, 무기염류, 물, 섬유질 등이 있다. 가령 자동차가 움직이려면 에너지원으로 전기 또는 휘발유 같은 연료가 필요하듯 우리 몸도 움직이려면 영양소라는 에너지원이 필요하다. 인체는 장기에 따라 사용하는 에너지원이 다른데, 뇌는 포도당, 간은 지방산 등이 필요하다. 이를 탄수화물, 지방, 단백질에서 가져온다.

특히 탄수화물의 종류에 따라 소화 및 흡수 속도가 달라진다. 탄수화물을 구성하는 당류는 단당류와 다당류로 나눌 수 있는데, 단당류(예: 설탕)나 정제된 탄수화물(예: 백미)은 쉽게 소화되어 혈당을 급격하게 상승시킨다. 이러한 급격한 혈당 변동은 인슐린 저항성을 유발하고, 장기적으로는 당뇨병과 같은 질병의 위험을 증가시킬 수 있다. 반면 현미나 잡곡과 같은 복합 탄수화물은 소화가 느리게 진행돼 혈당이 서서히 올라가고, 오랜 시간 동안 에너지를 공급해 준다. 포만감이 지속되며, 건강한 체중 유지에도 도움이 된다.

자연식품 선호도 증가: 현명한 소비자들의 움직임

현재 한국의 건강식품 시장 규모는 약 5조 원에 달하며, 매년 10% 이상의 성장률을 보인다. 이러한 추세는 건강에 관한 관심이 높아지면서 가공식품보다 자연식품에 대한 선호도가 증가하고 있음을 나타낸다. 소비자들은 점점 더 가공되지 않은 신선한 식품을 찾고 있다. 이는 건강한 삶을 위해 필수적이다.

웰니스에 적합한 선택은 가능한 한 가공하지 않은 식품으로

가공을 많이 한 식품보다 가공하지 않은 자연식품이 건강에 더 좋다. 올바른 식생활을 해야 장기의 건강을 지키고, 장기적으로 건강한 삶을 영위할 수 있다. 자연식품을 중심으로 한 식단을 구성하고, 건강한 생활습관을 유지하는 것이 중요하다.

10. 초가공식품, 달콤한 유혹에 숨겨진 위험: 저속 노화 식단으로
가속 노화의 주범, 초가공식품의 위험성과 건강한 식습관으로의 전환

영국 가디언지의 충격적인 보도처럼 초가공식품이 건강을 위협하는 요소로 부상하고 있다. 저속 노화 식단의 중요성을 강조하며, 초가공식품의 위험성을 알리고, 건강한 식습관으로의 전환을 강력하게 권고한다.

'암, 심장병, 제2형 당뇨병, 조기 사망, 기관지 천식, 비만, 수면 장애, 불안 및 정신건강 장애, 우울증, 위장 및 대사 건강 위험….'

2024년 영국 가디언지에 따르면 영국의학저널(BMJ)은 건강을 위협하는 32개 항목과 초가공식품의 직접 연관성을 보고했다. 유럽 사회는 초가공식품이 여러 질병에 직접 영향을 끼친다며 가공식품 소비에 더 엄격한 잣대를 들이대는 분위기다. 글로벌 시장조사기관 민텔이 발간한 2024년 푸드 트렌드는 '투명한 원료와 제조 과정(Trust the Process)'을 핵심 키워드로 내세웠다. 식탁의 필수 요소로 자리 잡은 가공식품에 대한 기준이 필요하다는 걱정과 우려를 반영한 것이다.

초가공식품, 편리함 뒤에 숨겨진 위험

"여러분은 하루에 얼마나 많은 초가공식품을 먹고 있나요?" 사실

초가공식품이 무엇인지 구별조차 어렵다. 그저 맛도 끝내 주고 간편하며 빠르게 섭취할 수 있는 초가공식품은 편리함의 끝판왕으로 다가올 뿐이다. 하지만 건강에 부정적 영향을 준다는 사실도 어느 정도 인식하고 있다. 평소 목마를 때에 물 대신 이온 음료나 아이스크림에 손이 먼저 간다. 입맛이 초가공식품에 중독됐다는 의미다. 빵, 소시지, 핫도그, 냉동 튀김 제품류 등 초가공식품은 일상적인 식품이어서 거의 매일 먹다시피 한다. 초가공식품 대한 적절한 선택 기준과 피해야 하는 이유를 알 필요가 있다.

초가공식품이란 무엇인가

정크푸드나 패스트푸드라는 단어가 귀에 더 익숙하다. 초가공식품(UPF: Ultra-Processed Foods)은 제과 빵, 스낵 과자, 컵라면, 냉동 피자 등 가공 정도가 높은 식품을 가리킨다. 식품의 원료인 농산물이나 축산물 등을 가공해 저장하기 좋고 먹기 편하게 가공한 식품 정도로 이해하면 좋겠다. 이런 식품들은 유화제, 방부제, 감미료 등 각종 식품 첨가물을 사용해서 만든다.

전문가들은 식품 첨가물이 소화 과정에서 체내 대사를 방해하거나 장기적으로 건강에 악영향을 미칠 수 있다며 경고한다. 여기에 맛을 극대화하기 위해 설계한 초가공식품은 뇌의 보상 체계를 자극해 계속 반복하여 섭취하게 했다. 이는 단순한 식습관 문제를 낳을 뿐만 아니라 정서적, 심리적 의존성까지 유발한다. 더구나 초가공식품엔 식이섬유, 칼륨, 비타민C 등 건강에 이로운 영양소라고는 거의 찾아볼 수 없다. 세계보건기구(WHO) 유럽지역사무소가 4대 건강 위험 요소로 담배, 술, 화석연료에 초가공식품을 포함해서 지목한 이유가 있다.

NOVA 분류 체계: 식품 가공 단계별 위험도

'NOVA 식품 분류 체계'는 가공 수준에 따라 식품을 4단계로 분류한다.

1) **미가공식품/최소 가공식품:**
   과일, 채소, 말린 생선, 100% 과일주스 등
2) **가공 식재료:**
   설탕, 소금, 버터, 꿀, 식초 등
3) **가공식품:**
   치즈, 빵, 맥주, 와인 등
4) **초가공식품:**
   과자, 라면, 소시지 등 제과 빵, 스낵, 과자, 컵라면, 냉동 피자 등. 가공 정도가 특히 높은 식품을 가리키며, 대부분의 대량 생산 식품과 음료가 포함된다.

[그림 19] 'NOVA 식품 분류 체계'의 가공 수준에 따른 4단계 분류

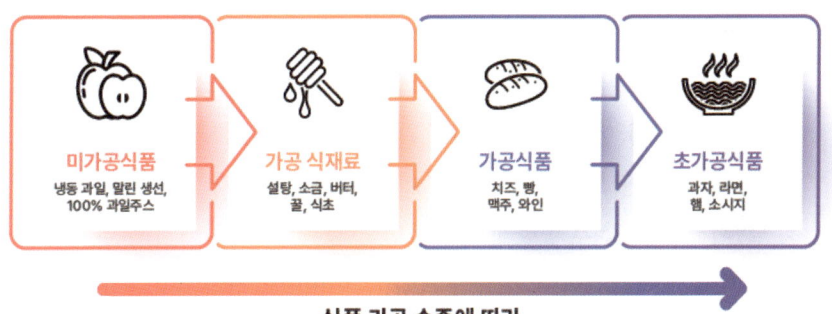

초가공식품, 현대인의 식탁을 점령하다

　이제 초가공식품은 '선택'이 아니라 '필수'처럼 느껴진다. 청소년과 젊은 세대 사이에서는 주된 식사 대용품으로 자리 잡았다. 초가공식품이 문제가 되는 이유는 첨가물 때문만이 아니다. 이들 식품이 현대인의 식단에서 너무 큰 비중을 차지하며 건강한 식단까지 대체하는 지경에 이르렀기 때문이다. 건강에 대한 해악 여부와 상관없이 바쁜 현대인에게 적합한 식생활로 완전히 자리 잡았다는 의미다. 근처 마트나 편의점에서 편하게 식품을 구매해 전자레인지에 넣고 몇 초만 돌리면 바로 먹을 수 있는 간편함에 그야말로 중독 수준이다. 여기에 음식 맛까지 부족하지 않으니 최고의 선택일 수밖에 없다.

　국내 시장에서는 간편하게 섭취할 수 있는 즉석조리식품과 과자류가 초가공식품 시장을 주도하고 있다. 1인 가구와 맞벌이 부부 증가 등으로 변화하는 라이프스타일 추세에 즉석조리식품이 급성장한 탓이다. 즉석조리식품의 소비자 구매 장소를 기준으로 2020년 매출 순위를 살펴보면 할인점(30.4%), 편의점(20.3%), 체인 슈퍼(20.1%)가 상위를 차지했다. 2022년 상반기 과자류 시장은 약 2조 1390억 원으로 전년도보다 소폭 상승에 그쳤다. 제빵업계는 배달 서비스 시장이 빠르게 성장하면서 함께 시장이 커지는 추세다. 여기에 에어프라이어 보급과 HMR(Home Meal Replacement)로 부르는 가정간편식 때문에 '냉동 베이커리' 시장까지 빠르게 성장했다.

고탄수화물, 고지방, 고염분: 초가공식품의 영양 불균형

초가공식품은 대체로 고탄수화물, 고지방, 고염분 식품이다. 계속 섭취하면 체내 영양소의 균형이 깨지고, 장기적으로 비만, 대사증후군 등의 질환으로 이어질 가능성이 크다. WHO와 국제암연구소는 초가공식품 섭취와 비만 및 암 발병 간의 명확한 상관관계를 경고했다. 예컨대 매일 초가공식품을 섭취하는 사람들은 그렇지 않은 사람들에 비해 심혈관 질환에 걸릴 확률이 18% 더 높아진다고 경고한다.

초가공식품 소비 줄이기: 개인과 사회의 협력 필요

초가공식품은 현대인의 편리한 삶을 위한 해결책으로 탄생했다. 하지만 소비에 따른 위험이 한층 실감나게 현실로 다가온다. 초가공식품 소비를 줄이는 것이 변화의 첫걸음이다. 초가공식품 문제를 해결하기 위해서는 개인과 사회의 협력이 필요하다. 제품 소비자들은 구매 전 제품의 라벨을 읽고 첨가물, 설탕, 나트륨 함량을 확인하는 습관을 길러야 한다. 가능하면 초가공식품 대신 자연식품, 신선식품을 선택하는 작은 변화도 의미가 크다. 정부는 초가공식품의 첨가물 사용을 규제하는 정책을 강화하고, 소비자들이 영양 정보를 더 쉽게 이해할 수 있도록 라벨링 규정을 명확히 해야 한다. 기업은 건강한 대체 식품 개발에 투자해야 새로운 비즈니스 기회가 열린다. 소비자 신뢰를 높이고, 브랜드 이미지를 강화하기 위해서라도 클린 라벨, 무첨가 제품 라인을 확대하는 것이 필수다.

저속 노화 식단: 건강한 노년의 열쇠

'저속 노화'라는 용어가 시선을 붙잡는다. 말 그대로 천천히 늙는다는 뜻이다. 아직 익숙하지 않은 용어라서 설명이 조금은 필요하겠다. 지난해 서울아산병원 노년내과의 정희원 교수가 『저속 노화 식사법』을 출간하면서 저속 노화에 대한 관심이 쏠렸다. 그는 느리게 나이드는 생활습관, 특히 식습관을 여러 방송 프로그램에서 강조하면서 노화를 늦추는 노하우 공개로 폭발적인 반응을 얻었다. 초가공식품을 노화를 가속하는 '가속 노화'의 악당으로 규정하고, 여기에 수면 저하와 스트레스를 유발하는 맛 중독 범죄자로 적시했다. 초가공식품 중독에서 벗어나야 저속 노화 식사가 가능하다고 강조한다.

웰니스를 위한 식습관 변화

초가공식품은 현대 사회의 편리함을 상징한다. 하지만 그 이면에는 건강을 위협하는 심각한 위험이 도사린다. 초가공식품의 유혹에서 벗어나 가공하지 않은 식품을 중심으로 섭취하는 것이 바람직하다. 더불어 건강한 생활습관을 유지한다면 소위 저속 노화가 가능하겠다. 이러한 개인의 노력과 더불어 정부와 기업의 적극적인 협력이 이루어진다면 더욱 건강하고 행복한 사회를 만들어 갈 수 있다.

"적당히 충분한 신체활동, 다양한 천연 식재료를 이용한 균형 잡힌 영양 섭취, 적당한 스트레스와 사람과의 접촉, 적절한 수면, 적정 체중, 삶의 모든 요소가 지나치지도 부족하지도 않은 방식을 따르는 것이 건강하고 편안하게 나이 드는 비결이었다."

— 서울아산병원 노년내과 정희원 교수, 『저속 노화 식사법』에서

식생활 웰니스 트렌드 키워드 2025

1. 지속 가능한 식단
환경에 미치는 영향을 최소화하면서 건강을 증진시키는 식사를 말한다. 로컬 식품 소비와 유기농 제품 선택을 통해 건강과 환경을 동시에 고려하는 이러한 식단은 환경 보호에 관한 관심이 높아짐에 따라 더욱 인기를 끌고 있다.

2. 미니멀리즘 다이어트
식생활에서 불필요한 요소를 최소화하고 간단한 재료만 사용해 준비하는 식단을 의미한다. 간소한 재료로 건강한 식사를 준비해 과식을 방지하고 정신적 부담을 줄이는 방법이다. 복잡한 현대 생활에서 감소를 추구하는 경향과 맞물려 인기를 끌고 있다.

3. 키토제닉 다이어트
탄수화물 섭취를 줄이고 지방을 주요 에너지원으로 사용하는 식단이다. 저탄고지(저탄수화물 고지방) 다이어트로도 부른다. 체내에서 케톤체를 생성해 에너지를 공급받는 방식으로, 체중 감소와 혈당 조절에 효과적으로 알려져 있다. 빠른 체중 감량이 가능하다는 게 장점이다.

4. 플랜트베이스드 제품
식물성 식품을 중심으로 한 제품이나 식단을 의미한다. 고기와 유제품의 섭취를 줄이고, 채소, 과일, 곡물, 견과류 등을 주로 포함한다. 이러한 식단은 건강에 좋은 영양소를 제공할 뿐만 아니라 환경에도 긍정적인 영향을 미친다고 알려져 있다.

5. 글루텐프리
글루텐이 포함되지 않은 식품으로, 주로 밀, 보리, 호밀에서 유래한 단백질을 배제한 식단이다. 글루텐 민감증이나 셀리악병을 앓는 사람이 안전하게 섭취할 수 있는 식단인데, 글루텐에 대한 인식이 높아짐에 따라 많은 사람이 선택한다.

쉼과 여유

6장. 자연을 꿈꾸는 푸른 웰니스 공간
황연재

11. 도시인의 지친 마음을 어루만지다: 치유 농업 13만여 명 체험
농업의 새로운 가능성, 힐링을 넘어 사회적 가치 창출까지

"농업은 '한 보따리' 수확해 가져가는 농촌 체험에서 한발 더 나아가 도시민의 심적인 허전함, 우울감, 고통을 완화하는 치유 농업으로 수요가 다양해졌어요."
- 전북 완주군 드림뜰힐링팜 송미나 대표의 신문 인터뷰에서

완주군에 있는 드림뜰힐링팜은 연간 1만 명이 치유 농업 프로그램을 체험하는 곳이다. 10여 년 전에 송미나 대표가 '치유 농장'을 꾸리면서 현재는 예방형 치유 농업이라는 콘셉트로 가족형 치유 농장을 꿈꾸고 있다. 부모님이 소유한 약 3000평, 9900㎡ 공간에서 '원예치료' 사업을 시작한 뒤 '카페 해월'이라는 공간을 마련했다. 농업과 동물 체험 등 100가지가 넘는 프로그램이 가능한 '힐링 팜'을 운영하고 있다.

치유 농업이란 무엇인가: 자연과의 교감, 건강한 삶의 회복
치유 농업은 신체적·정신적 건강을 회복하고 삶의 질을 높이기 위한 새로운 대안으로 주목된다. 치유 농업이란 농업 활동을 통해 치유 효과를 얻는 것을 말한다. 영어로 힐링 애그리컬처(Healing Agriculture) 또는 케어 파밍(Care Farming)으로 부르는 치유 농

업은 농장이나 정원 등 자연과의 교감을 바탕으로 건강 증진, 정서적 안정, 사회적 유대 강화를 도모하는 다차원적 활동을 포괄한다. 특히 도시화로 인해 자연과 단절되고 스트레스가 누적되는 현대인들에게 치유 농업은 균형을 되찾는 데 도움을 주는 유용한 방법으로 알려졌다.

바쁜 일상, 정보 과부하, 치열한 경쟁 등에 지친 도시민은 흙을 만지고 식물을 가꾸는 동안 마음이 진정되고 스트레스가 완화되는 효과를 얻는다. 그뿐만 아니라 콘크리트 환경에서 느끼기 어려운 계절의 변화와 생명의 순환을 직접 체험함으로써 자연 결핍을 해소하고 심리적 안정까지 얻을 수 있다. 농작물을 키우고 수확하는 과정에서 농산물이 자라나는 원리를 배우고, 자연의 중요성을 깨닫게 되어 환경 의식까지도 함께 높아진다. 무엇보다도 삽질, 물주기, 잡초 뽑기 같은 농사일은 부족해지기 쉬운 신체 활동량을 늘려 주기 때문이다. 체력 증진과 비만 예방 등 신체건강 개선에도 도움이 크다. 이처럼 치유 농업은 정신적 안녕과 신체적 활력을 모두 증진해 주기에 현대 사회에서 필요성이 갈수록 커지고 있다.

치유 농업의 역사: 자연과 인간의 조화로운 공존

사람과 자연의 교감을 통한 치유의 아이디어는 어제오늘 나온 것이 아니다. 세계적으로 치유 농업의 역사는 오래됐다. 19세기 영국의 일부 요양원에서는 부속 농장과 정원을 가꾸며 환자들의 재활을 도운 기록이 있다. 미국 의사 벤저민 러시는 1812년 저서에서 원예 활동이 정 신건강에 긍정적인 영향을 준다고 밝혔다. 유럽에서는 치유 농업이 일찍부터 발전했다. 예를 들어 네덜란드는 1999년 국가 차원의 지원센터를 통해 케어팜을 본격적으로 육성하기 시작했다.

이러한 상황에서 우리나라도 치유 농업에 관한 관심이 높아졌고, 2020년 '치유 농업 연구개발 및 육성에 관한 법률'이 제정·공포돼 2021년 3월부터 시행되고 있다. 이 법률은 "선진국에서는 이미 국가 차원에서 치유 농업 관련 연구개발, 기술 지원, 전문가 양성이 활발하므로 우리나라도 다양한 농업·농촌 자원을 활용한 치유 농업을 활성화할 필요가 있다"는 취지를 담았다.

법률에서는 치유 농업을 "국민의 건강 회복 및 증진을 도모하기 위해 다양한 농업·농촌 자원을 활용하고, 이와 관련한 활동을 통해 사회적·경제적 부가가치를 창출하는 산업"으로 정의하며 개념을 명확하게 기술했다. 또한 치유 농업 서비스를 전문적으로 제공할 수 있는 인력인 치유농업사의 자격과 역할을 규정해 체계적인 인력 양성의 토대를 마련했다.

이러한 제도적 기반 아래 우리나라의 치유 농업은 비로소 걸음마를 떼기 시작한 상태다. 아직 초기 단계지만 점차 영역을 확대해 나가고 있다. 현재는 정부와 지방자치단체를 중심으로 여러 지원 사업과 연구를 추진하고 있다. 민간 부문에서도 치유 농장을 통한 새로운 시도가 늘어나는 추세다. 관련 사업과 치유 농장 수가 더욱 늘어나면서 치유 농업은 한층 깊이 뿌리내릴 것으로 기대된다.

치유 농업의 실제 사례: 공공과 민간의 협력, 새로운 가치 창출

치유 농업이 현장에서 어떻게 구현되고 있는지 살펴보면 정부·지자체 주도의 사업과 민간의 창의적인 운영 사례 모두에서 고무적인 성과가 나타나고 있다.

공공 부문에서는 법령 제정 이후 다양한 치유 농업 프로그램을 개발하고 인프라를 구축해 왔다. 지역 특색에 맞춘 사회적 농장이나 치유 농장 모델을 발굴해 주민 건강 증진과 농촌 활성화를 도모하고 있다. 민간 부문에서도 농업인들이 자기 농장을 개방해 치유 프로그램을 운영하는 치유 농장이 점차 증가하며 새로운 농가 소득원 창출과 사회 공헌 역할을 동시에 해내고 있다.

두드러진 사례를 통해 이를 구체적으로 살펴보자.
진천군에서 운영하는 '생거 진천 케어팜'은 유휴화된 농업 시설을 활용해 만든 대표적인 공공형 치유 농업 사례다. 원래 농업기술센터로 쓰이다가 비게 된 온실과 건물을 개조해 2019년부터 지역 사회 돌봄을 위한 케어팜으로 조성했다.

케어팜은 '치유(Care)'와 '농장(Farm)'의 합성어다. 다양한 농업 활동을 통해 사회적 약자에게 돌봄 서비스를 제공하는 농장 모델을 뜻한다. 이 케어팜에서는 발달장애인 등이 참여하는 농작물 재배 체험과 원예치료 프로그램을 운영해 장애인과 비장애인이 함께 작물을 키우고 서로 도우며 배우는 장을 마련하고 있다.

흙을 고르고 모종을 하는 일부터 수확에 이르는 전 과정에 모두가 동참하면서 자연스럽게 협동심과 성취감을 키운다. 특히 고령의 주민과 장애인을 위한 일자리 창출 프로그램도 병행해 모두가 역할을 갖고 어우러지는 행복 마을을 만들어 가고 있다. 그 결과 주민 만족도가 높게 나타났다. 이러한 모델이 지역 복지와 농촌 활력 증진에 기여하는 성공 사례로 평가받고 있다.

실제로 진천군은 2023년 농림축산식품부의 지원을 받아 케어팜 부지를 확장·정비해 '생거 진천 케어팜'을 완성했다. 이곳은 농촌 유휴 시설 활용의 모범 사례로 전국적인 주목을 받았다. 지역 주민들은 이곳에서 돌봄과 생산 활동을 결합한 새로운 공동체 경험을 누린다. 행정기관은 이러한 성과를 바탕으로 유사한 사회적 농업 모델을 다른 지역으로도 확산시키고자 노력하고 있다.

한편 민간 주도의 치유 농장 성공 사례로는 전북 김제시의 '꽃다비팜'을 들 수 있다. 꽃다비팜은 30년간 꽃 농장을 운영해 온 농업인이 자신의 농장에서 치유 프로그램을 꾸준히 개발해 온 사례다. 2023년 치유 농업 프로그램 경진대회에서 우수상을 받으며 성과를 인정받았다.

이 농장의 이름 '꽃다비'는 순우리말로 "꽃처럼 아름답다"는 뜻을 지녔다. 말 그대로 꽃처럼 아름다운 농장을 지향한다. 튤립과 안개꽃 등 다양한 화훼 작물을 키우는 이 농장은 1차 생산(꽃 재배)뿐 아니라 2차 가공(프리저브드 플라워 가공)과 3차 서비스(치유 프로그램 제공)까지 아우르는 이른바 6차산업 농가로 발전한 성공 모델이다.

즉 농업 기반 위에 체험과 치유 서비스를 접목해 부가가치를 높이는 비즈니스 모델을 구현한 것이다. 꽃다비팜에서는 농업 활동을 사회복지와 연계한 사회적 농업 프로그램, 지역 아동을 위한 방과 후 마을 학교, 도시민 대상의 농촌 현장 체험학습, 청소년 진로 교육을 위한 찾아가는 직업 체험 등 다양한 프로그램을 운영하고 있다.

농장 환경을 활용한 독창적인 체험 활동도 많다. 예를 들어 도마 위에 안개꽃을 배치해 액자를 만드는 압화(押花) 공예, 작은 병에 다육식물을 심어 보는 테라리움, 향긋한 허브와 꽃잎으로 포푸리 주머니를 만드는 활동, 꽃잎을 말려 꾸미는 압화 부채와 유리 머그컵 제작, 계절 꽃으로 화분을 만들어 보는 원예 체험 등 종류가 다양하다.

이렇게 농장주는 자신의 전문 분야인 꽃을 매개로 남녀노소 누구나 즐길 수 있는 치유 프로그램을 개발해 농촌 교육 문화의 장을 제공하고 있다. 그 결과 이 농장은 지역 주민은 물론 멀리서 찾아오는 방문객들까지 치유 농업을 체험할 수 있는 공간으로 자리매김했고, 농장 자체의 경쟁력도 크게 향상됐다. 꽃다비팜 사례는 한 농가의 창의적 노력으로 치유 농업이 성공적으로 정착될 수 있음을 보여 주며 다른 농가에도 본보기가 되고 있다.

다채로운 치유 농업 프로그램: 식물, 동물, 곤충, 농촌 환경의 조화

치유 농업 프로그램은 활용하는 자원의 종류에 따라 여러 가지 형태로 나뉜다. 그리고 각각 그에 맞는 특색 있는 치유 활동을 제공한다. 크게 1) 식물을 매개로 한 프로그램, 2) 동물이나 곤충을 매개로 한 프로그램, 3) 농촌의 자연환경과 문화를 활용한 프로그램으로 분류할 수 있다.

어떤 자원을 활용하든 궁극적으로는 사람들에게 자연과 교감하는 경험을 선사해 신체적·정신적 건강을 증진한다는 목표를 두고 있다. 자원 유형별로 대표적인 치유 농업 프로그램의 내용과 특징을 살펴보도록 하자.

식물 자원을 활용한 프로그램은 가장 보편적인 치유 농업 형태다. 원예 활동을 통해 심신의 안정을 얻는 것이 목적이다. 꽃과 나무를 가꾸거나 텃밭을 일구는 원예 치료가 여기에 속한다. 참가자들은 실내 원예 활동에 집중하며 식물을 심고 꾸미는 체험을 한다. 이러한 원예 치료 활동에서는 씨앗을 심어 물을 주고 싹을 틔우는 일에서부터 잡초를 제거하고 가지를 치는 일, 채소와 과일을 수확하는 일에 이르기까지 다양한 농사 과정을 직접 수행한다. 식물을 돌보고 가꾸는 일련의 과정 자체가 치료적 요소로 작용한다. 식물이 자라도록 직접 정성을 들이는 양육 경험은 참가자에게 책임감과 보람을 느끼게 하며 정서적 안정을 제공한다.

흙냄새, 식물의 푸르름, 꽃향기 등에서 받는 감각 자극은 우울감이나 불안을 완화하고 마음에 활력까지 준다. 원예 활동은 남녀노소 누구나 접근하기 쉽다. 학교·병원·복지관 등 다양한 장소에서 프로그램을 운영할 수 있다는 장점 때문에 치유 농업의 기본적인 형태로 널리 활용하고 있다. 실제로 많은 지역 사회에서는 공동체 정원이나 주민 텃밭을 조성해 주민들이 함께 식물을 키우며 심신의 안정을 찾도록 돕고 있다. 일부 병원에서는 환자 재활 치료에 원예 활동을 도입하기도 한다. 이렇게 식물을 활용한 치유 농업 프로그램은 쉽게 접할 수 있고, 효과도 매우 좋다. 치유 농업이 지향하는 신체적·정신적·사회적 건강 증진의 토대를 마련해 준다.

동물 자원을 활용한 프로그램은 동물과의 교감을 통해 정서적 위안을 얻는 매개 치료 활동의 좋은 사례다. 동물이 주는 생명력과 교감의 경험은 우울감 해소와 동기 부여에 큰 도움을 준다. 이를 활용한 동물 매개 치료가 국내외에서 관심을 받고 있다. 다만 현재 우리나라에서는 동물을 전문적으로 활용하는 치유 농장이 많지 않아 눈에 띄는 사례는 드물다.

일상에서 반려견이나 반려묘, 작은 새들을 돌보며 심리적 안정과 즐거움을 얻는 사람들이 많다는 점에서 동물 매개 치유의 가치와 가능성을 충분히 확인할 수 있다. 이러한 경험들을 체계화해 농촌 지역 일부에서는 승마 치료와 같이 말을 통한 재활 프로그램을 운영하거나, 작은 동물농장 체험을 통해 어린이 정서 발달을 돕는 시도를 하기도 한다. 예를 들어 장애 아동 치료 목적으로 말과 교감하며 균형 감각을 기르는 승마 활동은 이미 재활 치료 분야에서 주목받는 동물 매개 프로그램이다. 그 외에도 농장 동물인 염소나 토끼, 닭 등을 돌보고 먹이를 주는 체험을 통해 정서적 안정과 책임감을 키워 주는 프로그램도 생각해 볼 수 있다. 이처럼 동물 매개 치유 농업은 인간과 동물의 유대감을 바탕으로 심신을 치유하는 효과를 기대한다. 앞으로 우리나라에서도 더욱 다양한 형태로 발전해 나갈 분야다.

곤충 자원을 활용한 프로그램은 최근 들어 특히 인기를 얻고 있는 치유 농업 분야다. 흔히 정서 곤충이라고 불리는 곤충을 애완동물처럼 기르고 관찰함으로써 정서적 안정을 얻는 활동이 대표적이다. 곤충은 크기가 작고 실내에서도 키울 수 있어 접근성이 높다. 생명의 경이로움을 느끼게 해 준다는 점에서 어린이뿐 아니라 어른들에게도 좋은 치유 소재가 된다. 실제로 학계에서는 몇 가지 곤충 종이 정서 안정에 도움을 준다는 사실을 과학적으로 밝혀냈다. 현재까지 정서 곤충으로서 치유 프로그램이 개발되고 효과가 입증된 종으로는 왕귀뚜라미, 호랑나비, 누에, 장수풍뎅이 등이 보고돼 있다.

이러한 곤충들을 직접 길러 보거나 관찰하는 프로그램을 통해 참가자들은 생명의 소중함을 느끼고 스트레스를 해소하는 경험을 한다. 곤충 매개 치유 활동은 주로 집에서 키우는 형태로 시작됐지만, 더 전문적인 체험 공간도 등장하고 있다. 경기도 용인시에 조성된 용인 곤충테마파크는 곤충을 주제로 한 전시와 체험 프로그램을 갖춘 곳으로, 아이들은 물론 가족 단위 방문객들에게도 큰 인기를 끌고 있다.

이 테마파크에서는 다양한 종류의 곤충을 관찰하고 만져 보는 곤충 생태체험, 나비 등 곤충 표본을 만들어 보는 곤충 공예, 모래 위에 그림을 그려 애니메이션을 만드는 샌드아트 체험 등 오감을 활용한 프로그램을 제공한다. 이를 통해 참가자들은 곤충에 대한 두려움을 없애고 호기심과 흥미를 키우며, 새로운 방식으로 자연과 소통하게 된다. 아직 곤충 치유 농업은 신생 분야에 가깝지만, 색다른 재미와 교육 효과까지 있어 성장 잠재력이 크다. 정서 곤충을 활용한 치유 프로그램이 학교 방과후 활동이나 특별한 치료가 필요한 대상의 정서 재활 프로그램 등으로도 확대될 것으로 기대된다.

농촌 환경을 활용한 프로그램은 말 그대로 농촌의 자연경관이나 전통문화 자원을 매개로 치유 효과를 얻는 활동이다.

탁 트인 시골 풍경, 맑은 공기, 조용하고 느긋한 농촌의 생활 리듬 자체가 몸과 마음을 치유하는 자원이 된다. 도시의 인공적인 생활 공간에서 벗어나 한적한 농촌 마을에서 흙과 자연을 온몸으로 느껴 보는 체험은 정신적인 스트레스를 풀어 주고 삶에 활력을 준다. 도시민이 일정 기간 농촌에 머물면서 농사일과 시골 생활을 직접 경험해 보는 '농촌에서 살아 보기' 프로그램은 농촌 환경을 활용한 치유 활동의 대표적인 사례다. 농림축산식품부와 지방자치단체들은 이러한 프로그램을 운영하며 매년 우수 운영 마을을 선정해 시상함으로써 농촌 체험 프로그램의 질적 향상을 도모하고 있다.

[그림 20] 치유 농업 프로그램 구분과 활용

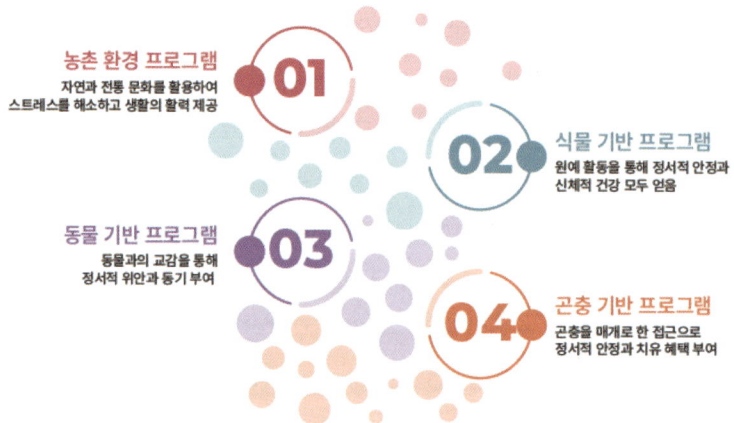

2024년 전국 농촌에서 살아보기 경진대회에서는 전남 진도의 '길은푸르미' 마을이 최우수 체험 마을로 선정됐다. 이 마을은 폐교 건물을 개축해 숙박 시설과 교육관 등을 갖추며 농촌 체험 휴양 마을로 거듭났다.

마을 방문객들은 옛 학교 교실에서 숙박하며 논밭 가꾸기부터 전통 장 담그기, 농촌 놀이 체험까지 다양한 프로그램에 참여하는 등 농촌의 정취를 만끽한다. 이렇게 농촌의 생활환경과 문화를 오롯이 느낄 수 있는 체험은 도시에 거주하는 사람들의 심신 재충전에 큰 도움을 주고, 농촌에 대한 이해와 애착도 높여 준다. 최근에는 이러한 농촌 힐링 관광이 치유 농업의 한 축으로 주목받고 있다. 여러 지자체에서 생태체험 마을 조성, 팜스테이 프로그램 개발 등에 관심을 기울이고 있다. 지역의 역사와 문화를 녹여 낸 향토 음식 만들기, 전통 공예 배우기 같은 프로그램도 농촌 치유 자원으로 인기를 끌고 있다. 이처럼 농촌 자연환경과 문화자원을 활용한 치유 농업 프로그램은 도시민에게 몸과 마음을 쉬게 하는 쉼터가 된다. 농촌 지역에는 새로운 활력을 불어넣는 관광 자원으로서 의미가 크다.

치유 농업의 효과: 몸과 마음의 건강, 사회적 연결 증진
치유 농업이 주목받는 이유는 이처럼 다양한 프로그램을 통해 신체적·정신적·사회적 측면에서 긍정적인 효과를 거둘 수 있기 때문이다. 농촌진흥청은 2024년 10월 성인 남녀 506명을 대상으로 인식 조사를 했다. 응답자 중 84%는 치유 농업을 들어 봤거나 알고 있다고 대답했다. 국민 10명 중 8명은 '치유 농업, 정신건강에 긍정적 효과가 있다'는 반응을 보였다. 응답자 대부분은 치유 농업이 스

트레스 감소, 우울감 완화, 불안 해소 등에 긍정적인 영향을 준다고 생각하며, 기회가 된다면 치유 농업 서비스를 이용할 의향이 있는 것으로 나타났다.

 치유 농업의 장점으로는 '자연과의 교감'(27.8%), '정서적 안정감'(26.4%), '신체활동'(16.4%), '사회적 교류'(11.2%), '병원 진료 기록이 남지 않는 점'(9.4%) 등을 들었다. 제약 요인으로는 '접근성 문제'(33.4%)와 '정보 부족'(29%), '비용'(22.1%) 등을 꼽았다. 여전히 치유 농업 활동지인 농촌까지의 이동에 부담을 느끼는 사용자가 많았다.

 실제 치유 농업 프로그램에 참가한 이들은 몸과 마음, 그리고 대인 관계에 이르기까지 여러 방면에서 개선을 경험한다고 보고되고 있다. 정신적인 건강과 함께 신체적인 효과를 빼놓을 수 없다. 농사일을 경험한 사람이라면 알겠지만, 밭을 갈고 김을 매는 일은 상당한 근력과 지구력을 요구한다. 규칙적으로 텃밭을 돌보고 식물에 물을 주는 활동만으로도 자연스럽게 운동량이 늘어나 현대인들에게 흔한 운동 부족을 해소하는 데 도움을 준다.

 흙을 파고 씨를 뿌리는 동작은 온몸의 근육을 고루 쓰게 한다. 쪼그려 앉아 잡초를 뽑는 일은 평소 잘 쓰지 않던 하체 근력을 강화해 준다. 이러한 반복적인 육체 활동을 통해 유산소 운동과 근력 운동 효과를 동시에 얻을 수 있다. 그 결과 체력 증진은 물론 혈액 순환 개선, 유연성 향상 등의 이득을 얻는다. 연구에 따르면 원예 활동에 참여한 사람이 그렇지 않은 사람보다 근골격계 기능이 향상되고 심폐 지구력이 높아졌다는 보고도 있다.

이처럼 치유 농업은 몸을 적당히 움직이게 함으로써 현대 사회에서 점점 중요해지는 예방의학적 효과, 예컨대 비만 예방이나 만성 질환 위험 감소에도 긍정적인 영향을 미칠 수 있다.

치유 농업의 밝은 미래, 도시와 농촌의 상생

치유 농업은 단순한 농업 활동을 넘어 현대인의 신체적·정신적 건강을 증진하고 사회적 연결을 강화하는 역할을 한다. 다양한 프로그램과 사례를 통해 치유 농업의 효과가 입증되면서 앞으로 더욱 많은 사람에게 혜택을 제공할 것으로 보인다. 접근성, 정보 부족, 비용 등의 제약 요인을 해결하고, 도시와 농촌의 상생을 도모하는 정책적 지원이 절실하다. 치유 농업이 우리 사회에 깊숙이 뿌리내려 건강하고 행복한 삶을 위한 새로운 대안으로 자리매김하기를 기대한다.

[그림 21] 치유 농업의 혜택과 활성화 방향

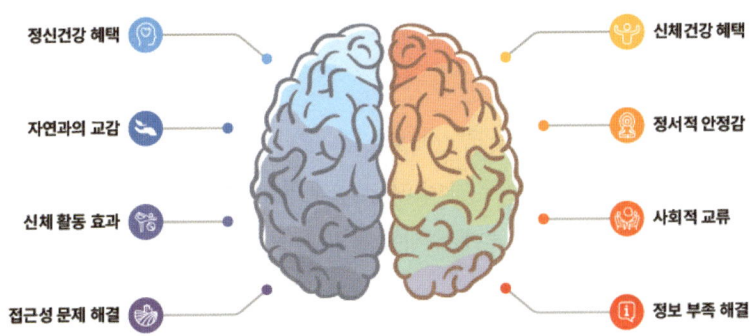

12. 콘크리트 정글 속 오아시스: 바이오필릭 디자인과 도시농업
스트레스 해소와 웰니스, 자연과의 조화로운 공존을 위한 도시의 변화

삭막한 도시에서 벗어나 자연의 숨결을 느낄 수 있다면 어떨까? 바이오필릭 디자인과 도시농업은 현대인의 지친 마음을 위로하고 건강한 삶을 되찾아 주는 해법이 될 수 있다.

서울시청 신청사 '서울림(林)'에 들어서면 거대한 실내 수직 정원의 상쾌함이 방문객을 반긴다. 건물 7층 높이, 1600㎡ 규모의 수직 정원은 2013년 세계 최대라고 기네스북에 등재된 곳이다. 그린 월(Green Wall) 또는 리빙 월(Livng Wall)이라 부르는 이 공간은 벽과 기둥을 이용해 유(U)자형 모양의 수직으로 만들어졌다. 벽면을 가득 채운 14종류, 약 6만 5000본의 식물이 초록초록 뿜어내는 녹색 산소 덕택에 답답한 도심에서도 자연의 청량감을 맛볼 수 있다. 이러한 자연과 공존하는 인테리어 트렌드는 건조한 콘크리트 도심에서 그 가치가 크다.

바이오필릭 디자인: 도시 공간에 자연을 불어넣다

바이오필릭 디자인은 인간이 자연과의 연결을 본능적으로 추구한다는 바이오필리아 이론에서 시작된 디자인 철학이다. 미국 생물학자 에드워드 오즈번 윌슨의 1984년 저서 『바이오필리아』에서 확산한 개념으로 알려졌다. 쉽게 표현하면 우리가 생활하는 주거, 사무

실, 공공장소 등 다양한 공간에 자연 요소를 적극적으로 도입해 스트레스를 낮추고, 신체적·정신적 건강과 안정을 증진하는 환경을 만드는 것이다. 도시화와 기술 발전으로 현대인은 자연과 점점 멀어지고 있지만, 내면에서는 자연에 대한 욕구가 사라지지 않고 있다. 이런 현실에서 바이오필릭 디자인은 인간과 자연 사이에 다리를 놓는 역할을 한다.

연구에 따르면 자연은 실제로 인간의 건강과 웰빙에 매우 긍정적인 영향을 준다. 실내에 식물을 배치하거나 자연광을 효과적으로 이용하면 스트레스 호르몬인 코르티솔 수치가 낮아지고, 집중력과 창의성·생산성이 향상된다. 자연과 연결될 때 더 편안함을 느끼며 신체적·정신적으로 건강해지기 때문이다. 실제로 병원이나 요양 시설에서도 환자의 빠른 회복을 돕기 위해 바이오필릭 디자인을 적용하고 있다. 많은 기업이 직원들의 창의력과 생산성 향상을 위해 자연 친화적인 디자인 요소를 채택하고 있다.

바이오필릭 디자인의 원칙 중 하나는 자연의 직접적 요소를 공간에 적극 도입하는 것이다. 햇빛이 충분히 들어오도록 큰 창문을 설계하거나, 물이 흐르는 분수나 작은 연못, 다양한 종류의 식물을 통해 실내에서도 자연을 만끽할 수 있는 환경을 제공하는 방식이다.

간접적인 자연 요소를 활용한 디자인도 현대적 공간에 효과적으로 적용되고 있다. 예를 들어 나무나 돌의 질감을 살린 마감재를 사용하거나, 벽지에 나뭇잎이나 꽃, 자연 풍경과 같은 패턴을 도입함으로써 시각적으로 자연을 연상시키는 공간을 연출할 수 있다. 자연광을 흉내 내는 스마트 조명 시스템도 여기에 포함되는데, 이는 일주기 리듬을 조절해 사람의 생체 리듬을 안정시키고 수면의 질을 높이는 데 도움을 준다.

 또한 바이오필릭 디자인은 청각, 후각, 촉각 등 감각적 경험을 강조한다. 새소리나 물 흐르는 소리 같은 자연 소리를 재생하는 시스템을 공간에 설치하면 도시의 소음에서 벗어나 편안함을 느낄 수 있다. 향기 또한 중요한 요소로, 편백나무처럼 피톤치드를 발산하는 천연 소재를 활용하거나 라벤더와 같은 허브 식물을 배치해 스트레스 해소와 심리적 안정을 유도할 수 있다. 촉감 면에서도 부드러운 천연 소재를 사용한 소파나 러그를 배치하거나, 자연 섬유의 질감을 활용해 공간에서 자연스러운 감촉을 느끼게 한다.

 더욱 큰 그림에서 바이오필릭 디자인은 생태적 통합을 추구한다. 이는 도시의 건축물과 설계가 자연환경과 지속적으로 조화를 이루도록 만드는 접근이다. 옥상 정원이나 벽면 녹화(그린 월)와 같은 설계를 통해 도심의 열섬 현상을 줄이고, 공기를 정화하며, 자연과의 연결을 더욱 강화할 수 있다. 미래에는 인공지능과 센서 기술을 이용해 식물의 생육 상태를 모니터링하고 관리하는 스마트 시스템이 도입돼 바이오필릭 디자인 활용이 더욱 확대될 전망이다.

[그림 22] 치유 농업과 그린 월

　도시농업의 가치를 금액으로 환산하면 얼마나 될까? 2023년 농촌진흥청이 농업경제학회와 공동으로 도시농업의 가치를 분석한 결과 대략 5조 원이 넘는 것으로 추정됐다. 하지만 이러한 높은 가치에도 불구하고 도시농업은 확산은커녕 계속 제자리걸음이라는 지적이다. 도시 텃밭 면적이 2017년 기준 약 1000ha 수준에 그치고 있는 가운데, 참여자인 도시농부도 약 189만 명에서 최근에는 오히려 줄어들거나 미약한 성장에 머물러 있다. 관련 전문가들은 도시농업을 키우기 위해서는 도시민을 유인할 수 있는 관심거리가 필요하며, 시민 생활에서 더욱 가깝게 접할 수 있도록 하는 인식 개선이 필요하다고 강조한다.

도시농업: 모두를 위한 도심 속 텃밭

　도시 한복판에 모두를 위한 텃밭이 조성돼 있다고 상상해 보자. 휠체어를 탄 노인이 허리 높이에 마련된 화단에서 상추를 돌보고, 옆에서는 어린아이가 손쉽게 흙을 만지며 씨앗을 심는다. 눈앞에 펼쳐진 도시농업과 유니버설 디자인의 만남이 만들어 낸 결과다.

콘크리트로 가득한 도시에서 도시농업은 작은 녹색 오아시스가 돼 시민들의 몸과 마음을 치유한다. 그런데 이 텃밭이 모든 사람에게 열려 있지 않다면 과연 '도시 공동체의 정원'이라고 부를 수 있을까? 이러한 물음에 대한 해답을 바로 유니버설 디자인에서 찾을 수 있다. 도시농업이 지닌 가치를 최대화하려면 남녀노소, 장애 유무를 불문하고 누구나 쉽게 참여할 수 있어야 한다.

유니버설 디자인은 도시농업의 씨앗을 뿌리는 역할을 한다. 도시농업과 유니버설 디자인이 어떻게 연결되는지 살펴보고, 장점과 사례를 제시한다. 아울러 기존 도시농업에서 부족했던 유니버설 디자인 요소를 짚어 보고 개선 방안도 제안한다. 모두를 위한 도시농업 환경을 만들 수 있는 구체적인 아이디어와 전망을 지적인 위트와 함께 풀어낸다.

도시농업과 유니버설 디자인의 만남: 포용성과 접근성을 높이다

도시농업은 도시인들에게 땅과 자연을 가까이하는 기회를 제공하며, 신체적·정서적 안정을 돕고 이웃 간의 공동체 의식을 키우는 수단으로 자리매김하고 있다. 도시의 옥상이나 자투리땅에 생긴 텃밭은 시민들에게 식량을 얻는 것 이상의 의미를 준다. 그러나 그 혜택이 일부 사람들만의 것이라면 도시농업의 본래 가치가 반감될 것이다.

유니버설 디자인이 이러한 문제를 해결해 준다. 유니버설 디자인이란 나이, 성별, 장애 여부와 관계없이 누구나 이용할 수 있도록 제품이나 환경을 설계하는 디자인 철학을 말한다. 쉽게 말해 '모두를 위한 디자인'이다. 원래 건축과 제품 디자인 분야에서 발전한 개념이지만, 도시 공간과 서비스 전반에 폭넓게 적용되고 있다. 도시농업과 유니버설 디자인의 만남은 얼핏 생소하게 들릴지 모르겠다. 일단 둘은 사람 중심이라는 공통점을 가진다. 도시농업이 '도시에서 농부 되기'라는 독특한 경험을 제공한다면, 유니버설 디자인은 그 경험의 문턱을 없애는 열쇠 구실을 한다.

도시농업과 유니버설 디자인의 연결 고리는 포용성과 접근성이다. 가령 도시농업이 공동체 정원을 통해 이웃 간 교류를 촉진한다고 할 때 유니버설 디자인은 장애인, 노인, 임산부, 어린이 등 모든 이웃이 동등하게 그 정원에 참여할 수 있도록 돕는다. 이는 단순히 휠체어가 들어갈 수 있게 한다는 물리적 차원을 넘어선다. 시각장애인이 향기와 소리로 식물을 즐기고, 어린아이가 위험 없이 흙을 만지며 배우며, 어르신이 무리한 굽힘 없이 손쉽게 농작업을 할 수 있는 환경을 만드는 것이다.

유니버설 디자인은 도시농업의 '모두 함께'라는 가치를 콘크리트(Concrete), 즉 구체화하는 설계 원칙이라고 볼 수 있다. 도시농업이 도시에 생명력과 공동체의 씨앗을 뿌린다면, 유니버설 디자인은 그 씨앗이 더 많은 사람의 손길을 받아 무럭무럭 자라도록 돕는 것이다. 결과적으로 두 개념의 조화는 도시를 더 포용적이고 지속 가능한 공간으로 변화시키는 힘을 발휘한다.

도시농업에 유니버설 디자인을 적용할 때의 장점과 사례

유니버설 디자인을 도시농업에 접목하면서 얻는 가장 큰 장점은 누구나 도시농부가 될 수 있는 여건 조성을 꼽는다.

첫째, 신체적 제약이 있는 사람도 정원 가꾸기의 즐거움과 치유 효과를 누릴 수 있다. 예를 들어 휠체어를 사용하는 사람이나 허리가 불편한 노인도 앉은 채 손이 닿는 높이의 화단에서 작물을 키울 수 있다. 흙을 만지고 식물이 자라는 모습을 돌보는 원예 활동은 심리적 안정을 주고 우울감을 줄이는 효과가 있는데, 유니버설 디자인은 이러한 원예 치유의 혜택을 더 많은 이들에게 확장하는 방법이다.

둘째, 사회적 통합과 공동체 활성화에 기여한다. 다양한 나이와 배경의 사람들이 한 공간에서 함께 씨를 뿌리고 수확을 나누면 자연스럽게 대화와 교류가 이루어진다. 도시농업에 참가하는 구성원이 다양해질수록 세대 간, 계층 간 소통의 장벽이 낮아지고 진정한 의미의 커뮤니티 가든이 완성된다. 이것은 도시농업이 지닌 교육적 가치와도 연결되는데, 아이들은 그 공간에서 다양성에 대한 존중을 배우고, 성인은 서로를 도우며 협력하는 공동체 정신을 체험하게 된다. 유니버설 디자인이 적용된 도시농업 공간은 단순히 농산물을 생산하는 곳을 넘어 사람과 사람을 연결하는 사회적 허브로 기능하게 된다.

이러한 장점을 뒷받침하는 사례도 점차 늘어나는 추세다. 서울시는 2016년 '유니버설 디자인 도시 조성 기본 조례'를 제정하고 "모두가 존중되는 사람 중심 도시"라는 비전 아래 2020년부터 5개년 유니버설 디자인 종합계획을 추진해 왔다.

이를 통해 공원, 광장 등 공공 공간에 유니버설 디자인을 의무 적용하게 됐는데, 도시 텃밭이나 커뮤니티 정원 역시 예외가 아니었다. 그 결과 시민 누구나 쉽게 접근할 수 있는 공공 텃밭 모델들이 등장했다. 예를 들면 서울 노원구의 노원에코센터에는 '무장애 텃밭'이 조성돼 주목을 받았다. 이 텃밭은 휠체어 사용 장애인도 접근할 수 있는 높이와 구조로 꾸며져 장애인과 비장애인, 어르신과 지역 주민들이 함께 작물을 가꾸는 공동체 정원으로 운영되고 있다. 교육 프로그램을 통해 텃밭 가꾸는 법을 모두에게 가르치고, 수확한 농작물로 공동 식사 행사나 작은 시장을 열어 이웃 간 나눔을 실천한 사례는 도시농업의 사회적 가치를 높인 좋은 예시다.

유니버설 디자인의 적용은 농업 도구와 설비 측면에서도 큰 변화를 가져온다. 농작업 때 사용되는 호미, 삽, 물뿌리개 같은 도구에 인체공학적 디자인이 도입된 사례가 그렇다. 가령 힘이 약한 사람도 쓰기 쉽게 손잡이를 곡선형으로 부드럽게 만들거나 손목의 부담을 덜도록 수직형 손잡이로 개량한 원예 도구들이 있다.

이러한 도구는 관절염이 있는 어르신이나 손힘이 부족한 사람도 무리 없이 농사 활동을 지속할 수 있게 해 준다. 또 다른 예로 일부 공동체 정원에서는 높이 조절이 가능한 화분대를 두어 사용자가 작업 높이를 맞출 수 있게 하거나, 자동 급수 장치를 설치해 노동 부담을 덜어 주는 방식을 도입했다. 이처럼 유니버설 디자인이 적용된 도시농업 현장은 편리성과 안전성이 향상돼 모든 참가자의 만족도를 높여 준다.

재미있는 것은 이러한 개선 사항이 장애인이나 노약자뿐 아니라 일반인에게도 쾌적함을 제공한다는 점이다. 예를 들어 경사가 완만한 진입로와 넓은 통로는 유모차를 끄는 부모나 자전거를 끌고 온 주민에게도 편리함을 준다. 손잡이가 개량된 도구는 힘센 청년에게도 더 나은 사용감을 선사한다. 유니버설 디자인은 특정 소수만을 위한 특별한 배려가 아니라 모두를 위한 편리함으로 귀결돼 도시농업 공간의 질을 전반적으로 높여 준다.

도시농업 공간에 유니버설 디자인을 도입한 대표적 장면이다. 휠체어를 사용하는 도시농부가 높은 화단에서 다른 참여자와 상추를 심는다. 이러한 무장애 텃밭에서는 서로 다른 신체 조건을 가진 사람들이 같은 공간에서 자연스럽게 어울린다. 이 모습은 유니버설 디자인이 단지 시설의 편의를 넘어 사람 사이의 장벽을 허무는 역할을 한다는 것을 보여 준다. 덕분에 도시의 텃밭은 남녀노소와 장애 여부를 초월해 누구에게나 열린 쉼터이자 배움터가 되고 있다.

기존 도시농업에서 유니버설 디자인이 부족했던 점과 개선 방향

지금까지 살펴본 이상적인 모습과 달리 현실의 많은 도시농업 공간은 유니버설 디자인 면에서 아직 갈 길이 멀다. 도시 텃밭이 늘고는 있지만, 일부 공간은 사실상 특정한 사람들만의 전유물처럼 설계돼 접근의 사각지대가 존재한다. 예를 들어 몇몇 공동체 정원은 담장이나 턱이 있어서 휠체어 접근이 어렵고, 화단 높이가 모두 낮게만 조성돼 있어 허리를 굽히기 힘든 사람에게는 '높은 장벽'이나 다름없다. 좁고 울퉁불퉁한 통로, 경사가 없는 높은 턱, 손잡이 없이 열기 힘든 문 등은 교통약자들에게 보이지 않는 '진입 금지' 표지판과 같다.

또한 시각장애인을 위한 점자 안내나 촉감 식물 코너, 청각장애인을 위한 시각 경보장치 등 감각적 배려가 부족한 경우도 많다. 결과적으로 기존의 도시농업 공간 중 일부는 그 취지와 달리 모두를 포용하지 못하는 한계를 드러냈다. 도시농업이 도시 생활의 질을 높이는 공공 자원이라면 이러한 접근성의 격차는 반드시 해소해야 할 과제다.

 부족했던 유니버설 디자인 요소를 개선하기 위해서는 공간 설계 단계에서부터 포용성을 최우선 과제로 삼는 접근이 필요하다. 우선 물리적인 장애를 제거해야 한다. 진입로의 문턱을 없애고 완만한 경사로를 설치해 휠체어, 유모차, 보행 보조기구 이용자 누구라도 어렵지 않게 드나들 수 있게 해야 한다. 텃밭 내부의 동선도 모두를 배려하도록 넓게 계획해야 한다. 겨우 사람 한 명 지나갈 수 있는 폭이 아니라 휠체어 두 대가 마주 지나가도 될 만큼 넉넉한 폭의 통로를 확보하면 이용자들은 이동하는 데 불편을 느끼지 않을 것이다. 또한 바닥 재질은 미끄럽거나 요철이 심한 것을 피하고, 우천 시 진흙탕이 되지 않도록 배수와 포장에 신경 써야 한다. 이는 안전사고를 예방하는 차원에서도 중요하다.

 다음으로, 작업 환경의 개선이 필요하다. 기존 도시농업은 대개 건강한 성인을 기준으로 만들어져 있어 어린이나 노약자는 따라가기 어려웠다. 이를테면 모든 화단이 땅바닥에 평평하게 조성돼 있다면 앞으로는 일정 구역마다 높은 텃밭 상자나 작업대를 마련해야 한다. 이렇게 하면 휠체어 이용자나 허리를 숙이기 힘든 사람도 서거나 앉은 자세로 편하게 경작에 참여할 수 있다. 일반 화단도 작은 개선을 통해 접근성을 높일 수 있다.

화단 가장자리에 틈새를 내어 휠체어 발판이 일부 들어갈 공간을 마련하면 휠체어 사용자가 더 가깝게 다가가 손을 뻗을 수 있다. 또 도구 보관함이나 수도꼭지 같은 설비 높이도 사용자의 다양성을 고려해야 한다. 너무 낮거나 높지 않게 적정한 높이(예컨대 휠체어 사용자의 무릎 높이 정도)에 설치하고, 수도꼭지는 한 손으로도 쉽게 돌릴 수 있는 레버형으로 바꾸는 등 세심한 배려가 필요하다. 이러한 작은 변화들이 모여서 큰 편리를 만든다.

정보 접근 측면에서도 개선할 부분이 있다. 많은 공동체 텃밭에 경작 방법이나 식물 정보를 게시하는데, 글자 위주로 써 놓거나 어려운 용어로 설명한 경우가 흔하다. 이는 읽기 어려운 사람이나 처음 참여하는 초보자, 혹은 시력이 좋지 않은 이들에게 장벽이 된다. 유니버설 디자인 관점에서 보면 정보 제공도 쉽고 직관적이어야 한다. 예컨대 안내판에 글뿐만 아니라 아이콘을 함께 넣고, 주요 내용은 큰 글씨로 적거나 음성 안내 큐알 코드를 붙이는 식의 노력이 필요하다. 시각장애인을 위해 식물 이름표에 점자를 함께 적거나 향기가 독특한 허브 식물을 한 곳에 모아 향기로 식별 표시를 하는 것도 좋은 시도다. 기존 도시농업 공간에서는 이런 감각적·인지적 디자인이 부족한 경우가 많았는데, 앞으로는 농업 교육과 참여 정보도 모두를 위해 설계해야 한다.

무엇보다 중요한 것은 인식의 전환과 운영상의 배려다. 유니버설 디자인이 단순히 물리적 환경에만 국한된 것이 아니라는 점에 주목해야 한다. 현재 일부 도시농업 프로그램은 장애인이나 노약자를 별도 그룹으로 취급해 일반 참가자와 분리된 활동을 하게 하기도 한다.

물론 특별한 지원이 필요한 때도 있겠지만, 가능하면 함께 어우러지는 통합형 프로그램이 바람직하다. 이를 위해서는 운영자나 자원봉사자들이 유니버설 디자인의 취지를 이해하고, 현장에서 도움을 주는 역할을 해야 한다. 예컨대 씨앗 심기나 수확처럼 간단한 작업은 모두 함께하고, 무거운 짐 나르기나 땅 고르기처럼 힘이 많이 드는 일은 체력이 되는 참가자가 도와주는 협업 체계를 만들 수 있다. 지금까지는 도시농업 현장에서 이러한 협업 문화나 안내 인력의 지원이 부족했다.

앞으로는 디자인 개선과 더불어 사람 중심의 운영 원칙을 도입함으로써 유니버설 디자인이 살아 숨 쉬는 도시농업을 실현할 수 있을 것이다.

유니버설 디자인과 도시농업의 전망

가까운 미래에 도시는 더욱 다양한 주민들로 구성될 것이다. 고령화 사회의 도래와 함께 신체 능력이 감소한 시민의 비율도 높아진다. 이러한 변화 속에서 도시 생활의 질을 높이는 방안으로 포용적인 도시농업이 주목받을 것이 자명하다. 앞으로의 도시농업 공간은 설계 단계부터 유니버설 디자인 원칙을 기본값으로 받아들이게 될 가능성이 크다. 새로 조성되는 공영 도시 텃밭이나 옥상 정원은 당연히 휠체어 진입로와 다양한 높이의 화단을 갖추고 시작할 것이고, 따로 '배려'라고 표기하지 않아도 모두가 이용할 수 있는 환경으로 인식될 것이다. 마치 오늘날 건물에 엘리베이터나 경사로 설치가 당연시되는 것과 같은 이치다. 미래 도시농업에서는 유니버설 디자인이 특별한 부가 기능이 아니라 기본 설계 철학으로 자리 잡을 전망이다.

도시 곳곳에서 '이웃과 함께 가꾸는 치유의 정원'을 보는 일이 흔해지고, 그 정원마다 행복한 농부들의 웃음소리가 가득한 세상을 떠올려 본다. 기술의 발전도 유니버설 디자인과 도시농업의 융합을 가속화할 것이다. 예를 들어 증강현실(AR) 기술로 가상의 정원 도우미가 나타나 작업 방법을 안내해 주거나, 로봇이 일부 힘든 작업을 보조하는 날이 올 수도 있다. 그러나 첨단 기술이 도입되더라도 궁극의 목적은 더 많은 사람의 참여를 돕는 것이어야 함을 유니버설 디자인은 상기시킨다. 미래의 도시는 친환경을 넘어 사람 친화적 도시여야 한다. 도시농업과 유니버설 디자인의 결합은 그 방향성에 정확히 부합한다.

"이 도시에서는 누구나 농부다." 도시농업과 유니버설 디자인의 조화가 꿈꾸는 미래를 한 문장으로 줄였다. 푸른 옥상 정원에서, 동네 작은 텃밭에서, 학교와 복지관의 온실에서 누구나 씨를 뿌리고 가꾸는 모습을 상상한다. 나이도 장애 유무도 상관없이 모두가 흙내음을 즐기고 작물의 성장에 감탄하는 도시, 그것이 바로 두 개념이 함께 이루어 낼 가장 값진 결실이다. 도시농업과 유니버설 디자인의 조화를 통해 우리 도시는 콘크리트 정글에서 벗어나 모두에게 열린 거대한 정원으로 거듭날 준비를 차근차근 해 나가고 있다. 사람을 향한 따뜻한 디자인과 푸른 농업의 만남이 만들어 갈 내일의 도시는 그래서 더욱 기대되고 희망차다.

일상 속 바이오필릭 디자인 실천

일상의 공간에서도 바이오필릭 디자인의 원리를 손쉽게 실천할 수 있다. 책상이나 집 안의 작은 공간에 허브나 관엽식물 같은 식물을 놓거나, 아침저녁의 조명을 자연광처럼 조절해 하루의 리듬을 자연스럽게 유지할 수 있다. 또한 집 안에 작은 분수를 설치하거나 자연 소리 재생기를 이용해 힐링 공간을 만드는 것도 좋은 방법이다. 이렇게 자연의 작은 요소를 생활에서 활용하는 것만으로도 우리의 정신적·신체적 건강에 크게 도움이 될 수 있다.

 바이오필릭 디자인은 앞으로 더 많은 관심과 적용이 기대되는 분야다. 기술이 발전할수록 사람들은 자연과 더 멀어질 수밖에 없기에 바이오필릭 디자인의 중요성은 더 강조될 것이다. 미래에는 스마트홈 기술과 결합해 실내외 공간에서 더욱 풍부한 자연 경험을 제공할 수 있게 된다. 바이오필릭 디자인을 통해 현대인들은 도시의 삶 속에서도 자연과의 균형을 유지하며 건강하고 행복한 삶을 만들어 갈 수 있다.

쉼과 여유

7장. 함께 소통하는 사회적 웰니스 비즈니스 인사이트
박미량

13. 디지털 시대의 외로움, 감성 기술로 치유하다
고독과 고립에서 벗어나 사회적 연결을 증진하는
감성 기술과 비즈니스 모델 탐색

외로움은 개인과 사회에 많은 영향을 미친다. 그로 인해 막대한 경제적 손실까지 초래한다. 감성 기술은 이를 해결하고 새로운 비즈니스 기회를 제공하며, 외로움 문제 해결을 위한 기술적 접근과 사회적 연결 방안을 모색한다.

사랑하는 이와의 갑작스러운 이별, 오랜 시간 함께했던 친구와의 소원함, 혹은 그저 텅 빈 방 안에 홀로 남겨진 순간과 같이 우리는 문득 외로움이라는 익숙하고도 낯선 감정과 마주하게 된다. 외로움은 감정적인 불편함을 넘어 개인의 정신과 신체 건강에 심각한 영향을 미칠 수 있다는 점에서 간과할 수 없는 문제다. 더 나아가 외로움은 개인적인 차원에만 머무르지 않고 주변으로 퍼져 나가 결국 사회 전체의 건강을 위협하고 막대한 사회적 비용을 초래하기도 한다. 감성 기술이란 이를 해결하고 새로운 비즈니스 기회를 제공하며, 외로움 문제를 해결하기 위한 기술적 접근과 사회적 연결 방안을 모색하는 기술이다.

'고독은 하루 담배 15개비를 피우는 것과 같은 해악을 건강에 미친다. 고독으로 인한 결근이나 생산성 저하로 고용주에게는 연간 25억 파운드(약 4조 5000억 원), 경제 전체에는 320억 파운드(51조 8000억 원)의 손실을 준다.'

- 조 콕스 고독문제대책위 보고서(2017년)

영국 외로움부 설립, 사회적 고독 문제 해결을 위한 노력

영국은 2018년에 외로움부를 설립했다. 노동당 조 콕스 국회의원의 노력이 외로움부를 설립하는 데 큰 역할을 했다. 콕스 의원은 평소 소외계층을 위한 법률안을 마련하는 데 부단히 노력했으며, '외로움 종결 캠페인(Campaign to End Loneliness)'이라는 민간단체를 만들었다. 2016년 어느 날 지역구에서 주민 간담회를 마치고 나오는 길에 극우주의자의 습격으로 목숨을 잃었다.

그녀의 죽음으로 영국 의회는 범정부 차원에서 콕스위원회를 설립하고 영국 사회의 사회적 고독을 본격적으로 조사했다. 2017년 생애주기에 따른 사회적 고독이라는 주제를 다룬 '조 콕스 고독문제대책위 보고서'를 발표했다. 마침내 2018년 '연결된 사회를 위한 전략'이라는 범정부 종합 계획을 발표하며 외로움부 장관직과 자살 예방 담당 차관직까지 임명하는 등 국가적 차원에서 외로움에 대처하는 공식 기관을 설립하고 관련 정책을 펼치고 있다.

감정의 본질: 내면의 에너지를 외부로 표출하다

감정(感情)은 '어떤 현상이나 일에 대하여 일어나는 마음이나 느끼는 기분'이라고 표준국어대사전에 나온다. 영어로 감정을 찾으면

이모션(Emotion), 어펙트(Affect), 필링(Feeling), 무드(Mood), 센티먼트(Sentiment) 등 더욱 구체적으로 구별된다. 감정을 한마디로 정의하기 어렵기 때문일 듯하다. 흔하게 사용하는 단어가 감정이지만, 이러한 감정을 분류하거나 분석하고 확인하기가 상당히 힘들다는 느낌이 든다. 기쁨, 화남, 슬픔, 즐거움, 흥분, 감동, 분노, 짜증, 외로움 등 감정의 세계를 잠시 살펴본다.

감정 또는 정서(Emotion)라는 단어는 라틴어 '에모베레(Emovere)'에 뿌리를 두고 있다. 어원으로 접근하면 'E(ex)+movere(move)'로 바깥으로 움직이는 에너지를 표현한다. '움직이다, 이동하다, 솟구치다, 뒤흔들다'로 풀이한다. 마치 내 안의 에너지가 솟구쳐 외부로 이동한다는 의미로 감정과 연결할 수 있다. 자기감정이 움직이면 외부로 자연스럽게 표출돼서 슬프면 울상을 짓고 기쁘면 웃음을 짓는다는 말이다.

감정은 생존을 위한 원초적 기능이다. 우리 뇌에는 감정을 담당하는 장소인 대뇌 변연계의 편도체가 존재한다. 아몬드 모양을 한 편도체는 기억에 관여하는 곳이다. 감정을 조절하고, 특히 공포나 불안의 감정과 직접 연결된다. 인간 생존을 위한 필수적인 경고 장치로 태초의 원시 인류 시기부터 위험에 빠지면 인체가 바로 반응해 피하기 위한 일종의 비상 스위치 같은 역할이다. 갑작스러운 외부 공격을 감지하고 두려움이라는 감정을 느끼면 인체가 즉각 대응하려는 생존 유전자에 고스란히 연결됐다. 감정은 생존을 위한 본능이라는 의미다.

외로움의 감정 모델: 부정적 감정과 낮은 각성 수준

 미국의 심리학자 제임스 러셀과 캐나다 신경과학자 리사 펠드먼 배럿 등의 감정 모델 연구에서 외로움의 위치를 확인한다. 외로움은 부정적이며 각성이 낮은 영역에서 '매우 비참한, 슬픈, 침체된, 지루한, 풀이 죽은, 피곤한'이라는 말들과 함께 모여 있다. 이러한 외로움은 낮은 각성 수준으로 어떤 자극에 제대로 반응하지 못하고 부정적인 감정 영역에 휩싸여 머무르는 상태에 속한다. '외로움'의 상태가 지속되면 감정은 깊숙이 파고들어 더 부정적 상태에 빠지고 만다.

[그림 23] 러셀의 감정 원형 모델에 적용

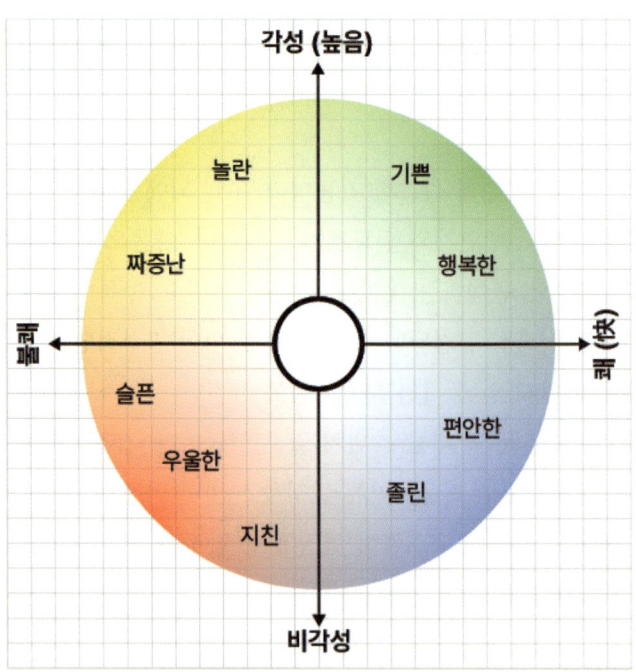

정부와 기업의 발 빠른 움직임: 외로운 문제 해결을 위한 움직임

 서울시는 2024년 10월 '외로움 없는 서울'이라는 외로움과 고립·은둔 문제 해결을 위한 종합 대책을 발표했다. 이 정책의 일환으로 외로운 서울 시민을 위해 120다산콜센터는 2025년 4월 1일부터 「외로움 안녕120」 시범 운영에 들어갔다. 이제는 외로움 전담 콜센터의 전문상담원과 24시간 365일 이야기를 나누며 정서적 지지와 필요한 서비스 연계까지 받을 수 있게 되었다. 우리나라에서도 서서히 정부 차원의 움직임이 포착됐다. 대전시는 홀몸 어르신과 장애인 등 취약계층에 인공지능 기반 돌봄 로봇 '꿈돌이'를 보급했다. 꿈돌이라는 인형은 인공지능 기술을 탑재해 상호 대화가 가능하고, 동작 감지 기능이 있어 위급할 때 소방청 119와 연결된다.

 고령화 산업의 에이징테크 영역에서는 인공지능 로봇 '효돌'이 홀몸 어르신들의 말벗 역할을 하며 글로벌 시장으로 발돋움하고 있다. 시장조사기관 리서치앤드마켓에 따르면 글로벌 반려로봇 시장 규모가 2030년에는 약 567억 달러(약 8조 2000억 원)에 달할 전망이다.

 한편 감정 감지 및 인식 기술의 세계 시장 규모는 2022년에 약 230억 달러(약 33조 원)를 넘었다. 2027년에는 430억 달러(약 62조 원) 수준에 이를 것으로 전망된다. 감성 컴퓨팅은 인공지능이 사람의 감정을 인식하고 처리하는 기술을 말한다. 인간의 감정을 세심하게 읽어 내어 반응하고 자연스럽게 상호작용할 수 있는 컴퓨터 시스템을 의미한다. 가령 사람의 찡그린 표정만 보고도 인공지능이 감정을 인식해 필요한 대응을 하는 기술이라고 이해하면 쉽겠다. 한마디로 사람의 감성을 읽고 교감하는 기술이라고 정리할 수 있다. 감정 감지 및 인식 기술(EDR: Emotion Detection Recognition)은 음성, 표정, 제스처, 심박수 등 생리적 신호를 분석해 감정 상태를 인식한다. 이를 기반으로 헬스케어 제품이나 자동차 산업에 적극적으로 활용하고 있다.

외로움과 고립: 개인적 고통에서 사회적 문제로

외로움이란 '홀로 되어 쓸쓸한 마음이나 느낌'으로 정의된다. 유의어로 '쓸쓸하다, 고독하다, 허전하다, 처량하다. 적적하다'라는 단어를 찾을 수 있다. 고독이란 '세상에 홀로 떨어져 있는 듯이 매우 외롭고 쓸쓸함'을 뜻한다. 특히 고립은 '다른 사람과 어울리어 사귀지 아니하거나 도움을 받지 못하여 외톨이가 되는 것'을 의미하는 단어다. 이 때문에 생기는 감정이 바로 고립감이다. 실제 외로운 느낌으로 담담하게 출발한 감정이 자칫 심각한 고립감까지 도달하는 상황이 빈번하게 발생한다. '나는 외톨이'라는 고립감이 자살까지 연결되는 경우도 상당하다. 특히 노인들에게는 외로움이 인지 기능을 저하시키고 치매까지 유발한다는 연구가 보고되기도 했다. 더불어 우울증, 불안 양극성 장애(조울증)와 같은 정신건강과 치료제 시장도 급성장 중이다. 외로운 개인이 많아지면서 점차 사회문제까지 일으키는 추세가 명확하다. 이제 외로움이라는 감정을 절대 내버려 둬서는 안 되는 이유다.

치매 환자의 배회: 사회적 안전망 구축의 필요성

▶ **세상에서 가장 슬픈 외출, 사라진 당신을 찾아서...**
낯선 도로 헤매다 교통사고를 당하거나 요양원 탈출하려다 사망하기도

[그림 24] 긴급 안내 문자

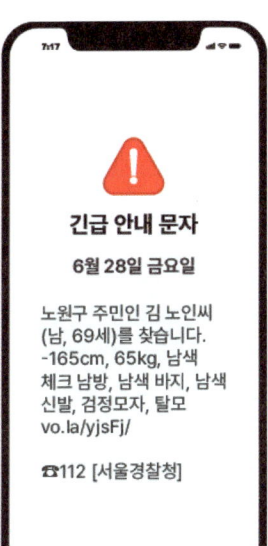

서울 노원구에서 홀로 사는 김 노인은 치매 환자다. 그의 아들 김 중년은 아버지 때문에 매일 걱정이다. 어느 날 김 중년의 핸드폰에서 경보음이 울렸다. 김 노인이 외출한 사실을 알리는 경보였다. 다행히 노원구의 안전 시스템 덕분에 김 노인의 배회 사실을 빠르게 확인했다.

그러나 두 시간 뒤 다시 전화가 걸려 왔다. 가로등이 없는 어두컴컴한 도로를 건너던 아버지가 그만 교통사고를 당했다는 연락이었다. 급히 현장에 달려갔지만, 이미 김 노인은 중상을 입었고, 병원으로 긴급하게 이송됐다. 고령화 사회로 접어들면서 치매 환자 수가 증가하고 있다. 지난 2024년 한국의 치매 환자 수는 약 100만 명을 넘어섰다. 이는 전체 노인 인구의 약 10%에 해당한다. 65세 이상 노인 10명 가운데 1명이 치매를 앓고 있다는 의미다. 이 숫자는 점점 증가하는 추세다. 고령화의 가속화로 치매 환자와 그 가족들이 겪는 어려움도 커지고 있다.

치매 환자의 배회는 흔한 문제 중 하나다. 기억력과 인지 능력이 저하된 치매 환자는 집을 나와 길을 잃거나 위험한 상황에 부딪히기 쉽다. 김 노인 사고 또한 치매 환자가 배회로 발생하는 경우다. 이런 사고를 예방하기 위해서는 세심한 주의와 적극적인 대책이 필요하다.

우선 치매 환자 배회를 예방하기 위한 도구로 GPS 추적기나 배회 감지기 설치를 추천한다. 환자의 위치를 실시간으로 확인할 수 있기 때문이다. 지역 사회에서는 치매 환자를 위한 보호구역을 설정하고, 배회 환자를 신속히 찾아 줄 수 있는 시스템을 구축해야 한다. 서울시는 '치매안심센터'를 운영하며 치매 환자와 가족에게 필요한 지원을 하고 있다.

비즈니스 인사이트: 기술 기반의 사회적 웰니스 증진 제품과 서비스
외로움과 고립으로 출발한 각종 문제를 해결하고, 사회적 웰니스를 증진하기 위한 비즈니스 모델은 다음과 같다.

1. 일본 미마모리 (見守り) 서비스

일본에서 고령화와 저출산에 대비한 각종 기술, 상품과 서비스를 미마모리라는 단어를 붙여 사용한다. 우리말로 지킴이로 해석하면 적합하다. 일본 미마모리, 지킴이 산업은 2025년 약 9000억엔 규모로 추정하며 계속적인 성장세를 전망한다. 특히, 고령 1인 가구를 대상으로 한 지킴이 서비스(見守りサービス)가 눈에 띈다. 이 서비스는 카메라, 센서, 전화통화, 방문 등으로 고령자의 건강 상태를 확인하고 이상이 생기면 빠르게 대응하기 위한 시스템이다.

2. 배회감지기

배회감지기는 치매 노인이 집 밖에서 실종되는 상황을 방지하고 빠르게 찾을 수 있도록 돕는 장치다. GPS 기술로 착용자 위치를 실시간으로 추적이 가능하고 일정 구역을 벗어나면 보호자에게 알림을 보낸다. 일본의 보안 회사 세콤은 '세콤 마이 닥터 워치'라는 손목밴드형 제품을 2017년부터 제공했다. 이 제품을 착용한 채로 유사시에 노인이 쓰러지면, 긴급 출동하여 미리 등록한 병원으로 이송해주는 등 긴급 서비스를 제공한다.

3. 스마트홈 기술

전자회사로 알려진 파나소닉은 이미 간병 관련 사업을 통해 고령화사회에 대응했다. 2016년에 파나소닉 에이지프리를 설립해서 고령자용 주택 디자인 솔루션으로 주방, 욕실, 계단 등 시니어에게 적합한 공간을 설계하고 관련 제품 판매를 시작했다. 또한 노인요양시설을 운영하며 각 방의 카메라를 설치하여 응급 상황이 발생하면 즉시 간병인에게 알려주는 시스템을 도입했다. 국내에서는 케어링과 케어닥이 시니어 케어 분야에서 눈에 띄는 성장세를 보이고 있다.

4. 인공지능 기반 소셜 로봇

외로움을 느끼는 사람들을 위한 인공지능 기반 소셜 로봇이 개발됐다. 감정 인식 기술을 통해 사용자의 감정 상태를 파악하고 맞춤형 대화 및 활동을 제공한다. 국내에서는 효돌(hyodol.com)이 시니어를 대상으로 돌봄 로봇이라는 콘셉트로 판매 중이다.

5. 커뮤니티 연결 플랫폼

지역이나 위치 기반의 커뮤니티 활동을 연결하고 촉진하는 온라인 플랫폼이다. 사용자들이 취미, 여가, 건강 등 관심사 기반의 모임에 참여하고 새로운 사람들을 만나 사회적 관계를 형성할 수 있도록 지원한다. 시놀(sinor.co.kr), 오이(oe-app.com), 포페런츠(forparents.co.kr) 등이 주목되는 서비스 제공 기업이다.

감성 기술과 사회적 연결의 조화, 더 따뜻한 사회를 향하여

외로움과 고립은 개인의 삶을 황폐화시킬 뿐만 아니라 사회 전체의 활력을 저해하는 문제를 일으킨다. 감성 기술은 이러한 문제를 해결하는 데 중요한 역할을 할 수 있다. 동시에 혁신적인 비즈니스 기회를 창출할 수 있다. 개인의 건강을 넘어 사회적 연결을 증진하는 노력을 기울인다면 더욱 따뜻하고 건강한 사회를 만들어 갈 수 있다.

14. 관계를 디자인하다: 미국 국립보건원 점검표부터 파크골프까지
사회적 웰니스를 추구하는 소셜네트워크와 비즈니스 모델

미국 국립보건원(NIH)의 사회적 웰니스 점검표부터 해외 소셜 웰니스 클럽, 국내 파크골프 열풍까지 사회적 연결을 통해 건강과 행복을 추구하는 트렌드를 분석하고, 관련 비즈니스 기회를 탐색한다.

사회적 웰니스 점검표로 살펴보는 여섯 가지 핵심 요소

사회적 웰니스란 자신의 가족, 친구, 동료나 이웃 등 주변 사람들이나 사회적 환경과 긍정적으로 상호작용할 수 있는 능력을 말한다. 인간은 본능적으로 사회라는 울타리 안에서 다른 사람과 건강한 관계를 맺어야만 그 속에서 안정감과 행복감을 느낄 수 있다.

미국 사회과학자인 캐슬리 킬램은 『연결의 예술과 과학(the Art and Science of Connection)』에서 사람과 연결을 강조한다. 그녀는 마치 운동을 통해 신체 근육을 튼튼하게 만드는 것처럼 사회적 연결을 통해 사회적 근육도 강화할 수 있다고 말한다. 그래야 나 홀로 떨어져 있다는 외로움에서 벗어날 수 있다고 한다. 이제는 신체적 건강과 정신적 건강에 사회적 건강까지 추가해야만 올바른 웰니스를 추구할 수 있다고 덧붙인다.

사회적 웰니스 점검 도구는 미국 국립보건원(NIH)에서 만든 자료다. 사회적 웰니스를 일상에서 실천하기 위한 일종의 점검표라고 할 수 있다. 관련 영역을 여섯 가지로 나누어 사회적 웰니스를 개선하기 위한 도움말을 제시하며, 일상에서 하나씩 점검하면서 개선할 수 있도록 안내한다. 여기서는 각 영역에서 항목 일부를 간추려 소개한다. 자세한 내용은 온라인 주소에 연결되도록 아래에 안내한다.

■ 사회적 웰니스 점검 도구

긍정적인 사회적 습관은 사회적 지지망을 형성하고 정신적, 신체적으로 더 건강하게 지내도록 만든다. 다른 사람들과 원활한 관계를 맺도록 도움을 주는 몇 가지 방법을 제시한다.

1) 관계 맺기
▶새로운 사회적 관계를 찾는 방법
☐ 좋아하는 취미와 관련된 모임 참여하기
☐ 새로운 것을 배우기 위해 수업 듣기
☐ 동네 행사에 참여하기
☐ 여러 곳을 여행하며 새로운 사람들을 만나 보기

2) 스스로를 돌보기
▶다른 사람을 돌보며 스스로를 돌보는 방법
☐ 해야 할 일 목록을 만들고, 규칙적인 일과 설정하기
☐ 시간이 날 때마다 취미와 관심사를 꾸준히 지속하기
☐ 돌봄 제공자(보호자) 지원 그룹에 가입하기
☐ 매일 잠깐씩이라도 휴식을 취하려고 노력하기

3) 가족의 건강한 습관 만들기
▶아이들이 건강한 습관을 기르는 방법
☐ 건강한 선택이 쉬워지도록 환경 조성하기
☐ 함께 있을 때 건강한 음식과 운동으로 모범 보이기
☐ 디지털 기기 사용 시간 조절하기
☐ 건강한 습관을 즐겁게 만들기

4) 아이와 유대감 형성하기
▶아이와 돈독한 관계를 형성하는 방법
☐ 아이가 좋은 행동을 보일 때 구체적으로 칭찬하기
☐ 아이에게 집에서 의미 있는 역할을 주고, 긍정적으로 피드백하기
☐ 부드러운 말과 따뜻한 어조, 친절하게 행동하기
☐ 매일 짧은 시간이라도 아이와 긍정적인 교감 나누기

5) 관계 형성하기
▶건강한 관계를 형성하는 방법
☐ 솔직하게 자기 감정을 표현하기
☐ 필요할 때 다른 사람에게 도움 요청하기
☐ 판단하거나 비난하지 말고, 상대방 이야기 공감하고 경청하기
☐ 의견이 다른 경우에도 존중하는 태도 유지하기

더 자세한 내용은 다음 링크에서 확인할 수 있다.
☞ www.nih.gov/health-information/social-wellness-toolkit

해외 소셜 웰니스 클럽 트렌드: 함께 건강해지는 경험

캐나다 토론토의 한 대중목욕탕이 눈길을 끌었다. '아더십'이라는 회사는 이른바 소셜 웰니스 커뮤니티 공간으로 '사우나와 얼음 목욕'을 운영한다. 아더십 설립자인 로비 벤트는 자기 집 뒷마당에 얼음 욕조를 만들어 친구 5~6명과 차가운 물에 몸을 담그는 명상 모임

을 만들었다. 친구들과의 작은 모임은 냉수 목욕에 그치지 않고 건강도 지키며 사람들과 친목까지 다질 수 있다는 입소문이 돌기 시작했다.

 이른바 냉수 목욕 모임은 짧은 기간에 폭발적으로 참여자 숫자가 늘어 갔다. 이를 계기로 벤트와 친구들은 얼음 욕조를 차고로 옮기고 사우나까지 만들어 본격적인 사업에 돌입했다. 이렇게 출발한 사우나와 냉수 목욕 체험 프로그램 참여자는 순식간에 2000명으로 불어났다. 현재는 아더십이라는 건강한 사교 커뮤니티 공간으로서 사우나, 목욕, 호흡 명상 등 다양한 프로그램을 제공하는 사회적 웰니스 비즈니스 모델로 성장했다.

[그림 25] 아더십 홈페이지(othership.us)

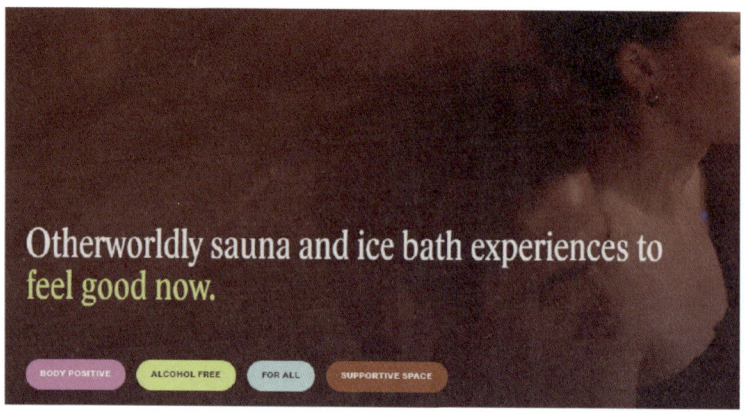

 세계 최초의 소셜 웰니스 클럽 '레미디 플레이스(Remedy Place)'의 설립자 조너선 리어리는 '사회적 자기 관리'라는 주제를 비즈니스 전면에 내세웠다. 사람들이 자기 관리를 위해 식이요법, 영양제,

기능성 화장품 등을 일상에서 스스로 챙기는 것과 같이 '인간관계'도 중요한 부분으로 스스로가 지속해서 챙겨야 한다고 강조한다. 이러한 자기 관리, 사람과의 연결을 주제로 레미디 플레이스는 세계 최초의 사회적 웰니스 클럽을 열었다.

레미디 플레이스라는 문구를 해석하면 '회복하는 곳'이다. 병원의 회복실, RR(Recovery Room)과 다른 느낌이다. 're(=again)+medy(=to heal)'라는 '회복'과 '치유'의 느낌을 준다. 주로 30~40대 직장인이 퇴근 후에 삼삼오오 모이는 이곳은 고급 사교 클럽 분위기가 물씬 풍긴다. 체형 교정, 마사지, 고압산소 체임버, 사우나, 얼음 욕조 등 대체의학을 기반으로 한 다양한 요법을 프로그램으로 선보인다. 고객 스스로가 자기 건강을 관리할 수 있도록 '셀프케어'를 체험하면서 시간을 보낼 수 있도록 공간을 구성했다.

[그림 26] 레미디 플레이스 홈페이지(remedyplace.com)

국내 파크골프 열풍: 세대를 초월하는 커뮤니티 스포츠

국내에서는 '파크골프'가 사회적 웰니스를 실천하는 대표적인 사례로 꼽힌다. 요즘은 파크골프 전성시대를 맞았다. 2024년 기준 전국에 약 405개의 파크골프장이 운영되고 있다. 앞으로 4년 이내에 조성이 예정된 파크골프장만 120여 곳에 달한다고 조사됐다. 이 추세라면 500개가 넘는 파크골프장이 몇 년 안에 만들어진다. 현재 전국에 있는 566개의 골프장(18홀 기준) 개수와 비교해도 숫자로는 별반 차이가 나지 않는다. 이미 파크골프를 즐기는 인구가 60만 명을 넘어섰다니 그 인기가 실감 난다.

전국 지자체마다 파크골프장을 조성하겠다며 야단법석이다. 파크골프대회를 새로 개최하고, 기존 대회 일정이 달마다 넘쳐난다. 경제력을 갖춘 노년층의 파크골프 수요를 각 지자체가 눈치챘기 때문이다. 국내를 넘어 중국과 베트남으로 해외 원정 파크골프를 떠나는 여행객이 늘어나는 상황이다. 멈출 줄 모르는 파크골프의 폭풍 성장에 관심과 궁금증이 더해진다.

1984년 일본 홋카이도에서 생긴 '파크골프'는 어린이부터 노인까지 세대를 초월해 즐길 수 있는 커뮤니티 스포츠로 급부상했다. 현재 일본에는 3000여 개의 파크골프장이 조성돼 있는데, 미국, 베트남, 태국 등으로 빠르게 확산하는 추세다. 명칭의 유래는 "공원에서 시작한 골프 놀이"다. 그래서 파크골프라는 이름이 붙었다. 우리나라는 1998년에 보급되기 시작했으며, 2004년 서울 여의도 한강공원에 파크골프장 9홀 코스가 개장하면서 전국적으로 확장됐다.

골프와 경기 방식이 유사한 파크골프는 몇 가지 차이가 있다. 우선 골프채를 하나만 사용한다는 점이다. 여러 골프채로 경기를 치러야 하는 골프와 비교하면 장비가 간소화돼 쉽게 접근할 수 있다는 매력을 가졌다. 여기에 몇 번의 기초 교육만으로도 경기 참여가 가능하다는 부분도 장점이다. 또한 파크골프는 이용료가 저렴하다. 무료로 시작해 대략 1만 원 수준이면 라운딩을 할 수 있어서 경제적 부담이 거의 없다. 이는 파크골프장 대부분이 지방자치단체에서 직접 운영하기 때문이다. 자율적으로 관리하는 민간단체와 파크골프장 이용에 마찰이 있지만, 이용 가격에는 부담이 없는 상황이다.

파크골프가 주목받는 이유는 무엇일까? 우선 대한민국이 초고령 사회로 들어서면서 늘어난 노인 인구와 그들의 건강과 행복이 더 중요해졌기 때문이다. 이러한 노년층의 레저 수요를 흡수할 수 있는 스포츠라는 특징이 있다. 또한 가족, 친구, 이웃까지 참여할 수 있을 만큼 쉬운 운동이다. 나아가 사회적 연결과 소통까지 확장하는 데 아주 제격이다. 파크골프는 팀으로 이루어지기 때문에 경기 참가자들을 모으면서 서로 의사소통을 하게 된다. 이는 홀로 외로움을 느낄 수 없는 환경을 만들고 사회적 연대감까지 키워 준다.

사회적 웰니스 클럽, 새로운 소비 트렌드를 이끌다

사회적 웰니스는 단순히 건강을 유지하는 것을 넘어 사회 구성원으로서의 소속감과 행복감을 느낄 수 있도록 도와준다. 미국 국립보건원의 사회적 웰니스 점검표에서도 그 중요성을 알 수 있다. 해외 소셜 웰니스 클럽, 국내 파크골프 열풍은 이러한 사회적 웰니스를 추구하는 소비 트렌드를 여실히 보여 준다. 눈치 빠른 기업들은 이러한 트렌드를 파악하고, 이와 관련한 제품과 서비스 개발에 박차를 가하고 있다. 거대한 소비자군이 사회적 연결을 통해 건강하고 행복한 소비를 위해 한 곳에 뭉쳐 있기 때문이다. 사회적 웰니스를 증진하는 이러한 비즈니스 모델이 기업의 새로운 성장 동력으로 매력적인 이유다.

쉼과 여유

8장. 시니어 인구 1천만 명 시대, 소비 시장이 뒤집힌다
김주원

15. 소비 시장의 주역으로 부상: 기업들의 시니어 시프트 전략은?
경제력을 갖춘 액티브 시니어의 라이프스타일 분석과
소비 트렌드를 예측하다

초고령사회 대한민국, 시니어 세대가 소비 시장의 핵심으로 떠오르면서 기업들의 발 빠른 대응이 요구된다. 시니어의 라이프스타일을 분석하고 소비 트렌드를 예측해 새로운 성장 동력을 창출하는 전략을 제시한다.

초고령사회 대한민국, 시니어 세대가 소비 시장의 주역으로 부상

인구 5명 중 1명이 65세 이상인 초고령사회 대한민국, 시니어 세대가 소비 시장의 주역으로 급부상하고 있다. 기업들은 시니어 시장에 주목하며 발 빠르게 대응해야 한다.

"시니어의 일상생활을 파악해야 한다. 시니어 시장이란 새롭게 창출되는 것이 아니다. 기존 소비 시장이 시니어 고객 중심으로 이동한 변화에 대응하는 전략이 중요하다. 그것이 초고령 시대에 소비 시장을 제압하는 열쇠다."
- 구가 나오코 수석연구원(닛세이 기초연구소 생활과학부)

초고령사회, 피할 수 없는 현실로

인류 역사상 지금까지 노인이 이렇게 많은 시대가 있었던가. 세계 인구가 대략 80억 명이다. 2023년 기준으로 65세 이상 나이에 해당하는 노인 인구가 약 8억 명이니 전체에서 10%는 노인이라는 말이다. '2024년 세계 인구 전망 보고서'에 따르면 2039년이면 전 세계 인구 14% 이상을 노인이 차지하는 고령사회 진입을 예고한다. 이제 고령화는 대한민국의 문제를 넘어 지구촌의 고민이자 핵심 이슈다.

소비자 시장의 판이 뒤집혔다. 노인, 시니어 인구 1000만 시대가 열렸기 때문이다. 지난 2024년 12월 23일 기준 국내 65세 이상 주민등록 인구는 1024만 4550명으로 전체 인구의 20%를 돌파했다. 대한민국이 초고령사회라는 의미다. 대한민국 국민 5명 가운데 1명이 65세 이상 시니어로, 이 정도면 정부 정책, 기업 대부분 제품과 서비스가 시니어 세대를 중심으로 바꾸라는 신호등이 켜진 셈이다. 2030년이면 대한민국 인구의 절반이 50세 이상으로 채워진다는 예고까지 나왔다. 이제는 시니어 1000만 명을 국가와 기업 모두가 핵심 세대로 대접해야 한다.

일본의 시니어 시프트: 초고령사회 대응 전략

2007년 일본은 초고령화 사회에 진입했다. 무려 18년을 앞서서 이미 초고령화라는 거센 물결에 휩쓸렸다. 당시 일본 정부는 늘어나는 노인 인구에 대응해 각종 정책을 쏟아냈다. 이와 더불어 기업도 대부분 각종 제품과 서비스를 시니어 소비자를 중심으로 수정했다. 이러한 변화를 일명 시니어 시프트라고 불렀다. 2013년 일본 일본 최대 유통 기업인 이온(AEON)이 시니어 전용 대형 쇼핑몰로 GG몰이라는 브랜드를 새롭게 오픈하면서 시니어 시장에 적극 대응한 사례가 대표적이다.

경제력을 갖춘 액티브 시니어의 등장: VIP 고객으로의 역전

'고령 인구의 증가와 경제력 상승'에 주목한다. 이제껏 노인이라면 관심조차 두지 않고 홀대하는 느낌마저 들었다. 특히 영리를 추구하는 기업에서는 65세 이상 고객을 실질 소비자로 여기지 않는 분위기였다. 하지만 경제력이 뒷받침된 시니어 고객의 등장으로 단숨에 VIP 고객으로 대접받게 되는 등 분위기가 역전됐다.

우리나라 노인 3명 중 1명은 직장인이다. 고령자 가구의 순자산 금액은 약 4억 5000만 원을 넘었다. 특히 65세 이상인 가구의 67.9%는 주택을 소유한 집주인이다. 2023년 통계에서 개인 차량 소유자 3명 중 1명이 60세 이상으로 집계됐다. 각종 통계 지표에서 시니어 세대가 대한민국 경제활동의 핵심 주체로 떠올랐다고 각종 데이터가 말해 준다. 한마디로 제일 돈 많은 부유층이라는 의미다. 발 빠른 기업은 이미 시니어 소비자에 대한 동향 파악을 마치고 시장 분석에 열을 올리는 상황이다. 부유한 시니어 고객을 끌어들이고 각종 제품과 서비스 개발에 박차를 가하고 있다.

기업들의 시니어 시장 대거 진출: 새로운 성장 동력 확보 경쟁

현재 여러 대기업이 초고령화 사회가 요구하는 관련 사업들에 속속 뛰어들고 있다. 롯데호텔은 시니어를 위한 주거 브랜드로 VL(Vitality & Liberty)을 선보였다. 유통 부문에서 홈플러스는 시니어 일자리 창출 사업 모델로 '시니어마켓'을 개설했다. 풀무원은 시니어를 위한 케어푸드로 '디자인밀'에 고령친화식이라는 개념을 선보였다. 삼성전자도 의료용 웨어러블 로봇인 '봇핏' 시범 서비스를 시작했다. 여기에 시니어를 겨냥한 스타트업까지 가세하고 있다. 시니어 비즈니스에 대한 관심과 적극 투자를 검토하는 분위기가 느껴진다.

▶ 퇴직자 박 부장의 하루: 시니어 라이프스타일 엿보기

박 부장(60세)은 서울 노원구의 한 아파트에서 아내와 함께 산다. 아침 7시, 알람 소리가 울리자마자 잠에서 깬다. 침대에서 일어나 간단하게 아침 식사를 한다. 오늘은 사우나에 들르는 화요일이다. 가는 길에 편의점에 들러 음료수 한 병을 산다. 뜨거운 탕에 들어갔는데, 뭉친 어깨가 풀리지 않아 조금 불편하다. 9시 조금 넘어 동네 의원에 들러 의사에게 불편한 곳을 말하고 진료를 받았다. 약국에 들러 처방 약을 받았다. 병원 진료비와 약값은 카드로 결제했다.

낮 12시, 동네 음식점에서 친구와 함께 점심을 먹는다. 신용카드로 점심값을 결제한다. 동네 친구와 함께하는 점심 식사가 일상의 소소한 즐거움이다. 오후에는 아내와 함께 근처 대형마트에 들러 식료품을 산다. 마트에 도착하면 필요한 일용품과 신선한 채소, 과일을 장바구니에 담는다. 요즘 채소나 과일 가격 등 물가가 너무 올라 고민이다. 마트에서의 지출은 주로 기본적인 식료품과 생활필수품이다. 자주 이용하는 대형마트의 할인 쿠폰으로 비용을 약간 줄인다.

쇼핑한 짐 꾸러미를 차에 싣고 집으로 돌아와 바로 저녁 식사 준비를 한다. 식사하면서 TV로 드라마나 홈쇼핑을 본다. 가끔 홈쇼핑에서 필요한 물건이 눈에 띄면 구매한다. 저녁 식사가 약간 부족했는지 배가 출출하다. 그냥 치킨을 시켜서 먹기로 한다. 전화로 치킨을 주문해 배달한 음식을 가족과 함께 먹는다. 배달 음식도 자주 시켜서 이제는 주요한 지출 항목이 됐다.

저녁 9시가 되면 하루를 정리하며 지출 내용을 점검한다. 오늘 사용한 카드 사용 명세를 확인하고, 이번 달 지출이 200만 원을 넘었는지 점검한다. 퇴직 후에도 경제활동을 지속하고 싶지만, 취업이 여의치 않은 상황이라서 정해진 연금으로 돈 관리를 철저히 하려고 노력한다. 이제는 나이가 들면서 건강에 민감하다. 몸이 조금이라도 아프면 바로 병원이나 의원을 찾는 통에 병원비와 약품 구매에 지출이 많다. 밤 10시, 노곤하고 피곤함이 몰려온다. 이제 하루를 마무리하며 내일의 일정을 떠올린다. 여러 생각으로 눈이 스르르 감긴다.

→ **시니어 일상 소비 데이터 분석(2024. 5. 기준)**

[그림 27] 65세 이상 시니어 세대들의 소비 타임라인 편집(KB 국민카드)

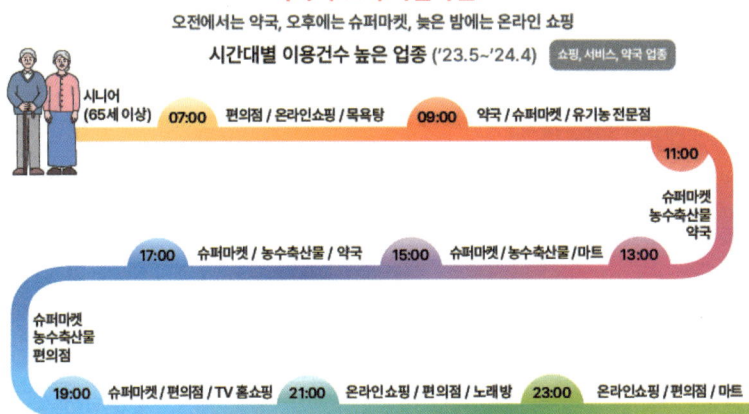

시니어 라이프스타일, 무엇을 주목해야 할까?

노인복지법에서는 65세 이상을 '고령자' 또는 '노인'으로 정한다. 흔히 노인, 어르신, 시니어, 고령자 등 여러 용어가 얽혀서 올바른 단어 사용이 쉽지 않다. 영어 시니어(Senior)는 손윗사람, 연장자, 계급이나 지위가 높다는 의미를 담아서 노인을 대신하는 단어로 사용한다. 일본에서는 시니어(シニア)가 활동적인 고령층이라는 의미인데, 비즈니스 용어로 자리를 잡았다. 요즘은 50세 이상을 활동적인 시니어로 통칭해 사용하는 분위기다.

'시니어 라이프스타일'이란 '시니어 계층이 가지는 생활양식'으로 풀이한다. 더 간략하게 줄이면 '고령자의 생활 문화'를 의미한다. 사회학 관점으로는 '시니어 계층의 인생관, 생활 태도까지 포함한 넓은 의미의 생활양식'으로 설명한다. 다소 정의가 명확하지 않은 이유는 비즈니스 영역에서 사용을 시작했기 때문이다. 2011년 LG경제연구소가 발표한 '2011 소비자 라이프스타일' 보고서에서 주목할 만한 용어로 라이프스타일이 떠오르면서 마케팅, 심리학, 디자인 등 다양한 영역에서 핵심 수식어로 점차 사용 범위를 넓혔다.

시니어 라이프스타일을 파악하는 목적은 시니어 행동 양식과 미래 트렌드를 예측하기 위함이다. 시니어들이 관심을 두는 영역을 살펴보고, 그들의 활동, 관심사, 의견을 파악함으로써 시니어에게 적합한 제품이나 서비스를 개발하는 데 활용할 수 있다. 가령 '당신은 건강을 위해 어떤 운동을 하시나요?', '식사할 때 어떤 음식을 즐겨 드시나요?', '한가할 때는 무엇을 하면서 보내시나요?' 등의 질문을 통해 시니어들의 패턴을 파악할 수 있다.

한국방송광고진흥공사(kobaco)에서 조사한 '2024 액티브 시니어 소비 트렌드 조사' 결과에 따르면 시니어 계층의 최대 관심사는 나의 건강/운동(68.1%)이었다. 외모 관리에도 관심이 높아 패션/잡화(52.8%)나 화장품(42.6%)을 구매한다고 밝혔다. 또한 최근 1년 이내 주요 활동으로 국내외 여행(77.9%), 영화 관람(60.4%), 헤어숍 방문(54.1%)을 꼽았다.

액티브 시니어 대부분은 변화에도 민감해 새로운 것에 관심이 높고 변화를 추구하는 경향(78.2%)을 보였다. 이들은 온라인(쿠팡, 11번가, 지마켓 등)과 오프라인(이마트, 롯데마트, 코스트코 등) 쇼핑을 적절하게 이용하며, TV 광고를 통해 제품 정보를 인지한 후 온라인 검색으로 세부 정보를 얻는 구매 행태를 보인다.

시니어 소비자를 사로잡는 핵심 키워드: 건강, 경제, 그리고 삶의 질

2019년 통계청 발표에서 시니어 소비자의 일상 지표 10개를 간추려 보았다. 60세 이상이 가장 많은 시간을 보내는 항목은 수면이 1위를 차지했다. 그 뒤를 이어 실시간 방송 시청, 즉 미디어를 보는 시간이 2위를 차지했다. 대략 2시간 30분을 사용한다고 집계됐다. 70~80세로 나이가 들어갈수록 여가생활에서 TV 시청 시간이 점차 늘어나 4시간을 훌쩍 넘어갔다. 식사가 3위로 2시간 정도 시간을 보냈다. 노동, 즉 일과 관련한 평균 사용 시간은 남성 2시간 3분, 여성 1시간 1분으로 차이가 두 배로 벌어졌다. 하지만 여성의 가사 노동이 3시간 8분이었는데, 남성의 가사 노동 시간이 부족하다는 해석이 나온다.

[표 1] 노년층과 청장년층의 상위 10대 행위

노년		청장년	
행위	시간(분)	행위	시간(분)
수면	502.6	수면	484.7
실시간 방송 시청	213.8	유급노동(고용직)	111.4
식사	91.7	실시간 방송 시청	111.0
개인위생	67.5	식사	87.3
대면 교제	37.7	유급노동(서비스 자영업)	69.0
식사 준비	37.2	개인위생	63.2
간식	28.1	간식	32.6
걷기/산책	26.4	식사 준비	30.9
설거지/식후 정리	24.2	대면 교제	23.4
유급노동(농림어업)	24.0	설거지/식후 정리	19.1
합	1,053.1 (73.1%)	합	1,032.4 (71.7%)

한국소비자원에서 발간한 2019년 소비자 정책 동향은 고령 소비자가 가장 중요하게 인식하는 분야를 발표했다. 노인들이 중요하게 생각하는 소비 상위 6개 목록을 뽑았는데, 줄여서 '식·병·주·금·경·문(식생활, 병원·의료, 주거·가구, 금융·보험, 경조사 서비스, 문화·여가)'으로 불렀다. 고령 소비자는 다른 연령층보다 '건강'이라는 영역을 중요하게 판단했다. 코로나19 팬데믹 시기를 지난 2021년에는 '생활·위생·미용'을 중요하게 여겼다. 소비자 상담(1375) 민원 콜에 많이 접수된 품목은 건강식품, 치과 치료, 주택 수리, 상조 서비스 등이었다. 이러한 결과는 관심을 가져볼 만하다.

"늘그막에는 돈 걱정 없이 아프지 않아야 행복하지!"

2021년 대한민국 시니어의 소비 영역 순위는 1위 식생활(식품·외식), 2위 건강생활(의료), 3위 경제생활(금융·보험)로 집계됐다. 아무래도 나이가 들면서 건강에 대한 지출이 많아질 수밖에 없다. 노후에는 돈 걱정 없이 아프지 않고 사는 것이 최고일 듯싶다.

[표 2] 중요하게 여기는 소비생활 영역(소비자문제연구 2022년 8월 자료 일부 편집)

소비생활 영역	전체 2021년	순위	고령자 2021년	순위
식품·외식	7,959(26.5)	1	2,133(28.0)	1
의류	3,315(11.1)	3	538(7.1)	6
주거·가정용품	2,236(7.5)	6	631(8.3)	4
의료	2,708(9.0)	4	1,560(20.5)	2
교육	2,371(7.9)	5	58(0.8)	11
ICT	1,526(5.1)	10	194(2.5)	10
자동차·교통	1,887(6.3)	7	334(4.4)	7
금융·보험	3,658(12.2)	2	838(11.0)	3
경조사비(관혼상제)	777(2.6)	11	492(6.5)	8
생활·위생·미용	1,896(6.3)	8	591(7.8)	5
문화·여가	1,667(5.6)	9	245(3.2)	9
합계(100점)	30,000(100.0)		7,614(100.0)	

시니어 시장, 새로운 성장 동력으로 주목해야

시니어 시장은 간과할 수 없는 중요한 소비 시장으로 급부상했다. 기업들은 시니어 세대의 라이프스타일과 소비 트렌드를 정확히 파악하고, 그들의 일상이 알려 주는 정보를 읽고 제품과 서비스를 제공해야 한다. 그래야 새로운 성장 동력을 창출할 수 있다. 건강, 행복, 삶의 질, 웰니스가 추구하는 시니어 소비자를 사로잡는 핵심 전략이 절실하다.

일본 시니어 산업 트렌드

1) 코스파
한국의 '가성비'를 일본에서 부르는 단어다. 최근 더욱 주목받고 있는 '타이파(시간 가성비, time performance)', '스페파(공간 가성비, space performance)'라는 용어도 인기다. 이러한 용어들의 핵심은 '퍼포먼스(performance, 성능)'다. 자신이 사용한 비용 대비 얻을 수 있는 가치를 중시하는 소비자들의 심리가 깔려 있다.

2) 인스타 그랜마
시니어 패셔니스타를 통칭 '인스타 그랜마'라고 부른다. 나이를 불문하고 멋에 대한 호기심을 잃지 않는 여성 고령자들이 활약하고 있다. 나이가 많아도 활력 넘치는 모습에 희망과 용기가 샘솟는 '인스타 그랜마'는 요즘 활발하게 활동하는 시니어 인플루언서를 가리키는 그랜플루언서(Grandparent+Influencer)라는 용어와 연결되어 사람들의 주목을 받는다.

3) 손자와 함께하는 추천 활동
게임·라이브·스포츠 등을 자녀나 손자와 함께하는 활동을 가리킨다. 구체적으로 아이와 함께 구장에 가서 응원을 하거나, 손자와 애니메이션·만화를 보거나, 게임을 하거나, 딸 가족과 콘서트나 라이브를 즐기는 등 3세대가 함께 활동하는 현상을 말한다. 이른바 '추천 활동'을 통해 자녀나 손자와 리얼한 커뮤니케이션을 하는 등 세대 차이가 없어지는 현상이다.

4) 근육 트레이닝 시니어
코로나19 이후 일본 피트니스 회원 가운데 20%가 넘게 60대 이상인 현상을 가리킨다. 시니어 여성이 연간 130만 원의 비용을 지출하고 있다는 통계가 발표됐는데, 여기서 피트니스 시설 이용 비율이 약 30%를 차지했다. 기존 체조나 스트레칭에서 근육 트레이닝으로 관심이 옮겨진 현상을 말한다.

5) 초보 투자 시니어
대부분의 일본 시니어는 "자산 운영은 현역 세대의 일로, 인생을 되돌린 자신들과는 관계없다"며 투자와 거리를 두었다. 그러나 저금리, 고물가로 연금 세대인

고령자도 투자에 나섰다. 특히 50세 이상 여성 자산 운용자는 2023년 코로나 전(2019년) 비교해 6배 이상의 신장률을 보였다. 전체 시니어의 점유율도 약 2.4배 수치다.

6) 슈카쓰(終活)
인생의 마지막을 맞이하기 위한 준비 활동을 뜻하는 말로, 2009년에 나온 일본 사회의 신조어다. 보통 일본 대학 졸업 예정자들이 공공기관이나 기업의 공채 시기에 맞춰 취직활동에 노력하는 것을 슈카쓰(就活)라고 줄여 부르는 것에 빗댄 용어다. 간호나 치료에 대한 의향, 죽었을 때 장례와 무덤에 관한 형식, 유산 상속 내용, 물품이나 재산 정리 방법들을 미리 정해 둔다. 죽음이 머지않은 시니어도 그만큼 열심히 준비해야 한다는 뜻을 내포한다.

생전장(生前葬), 1인 가구의 종활. 유증(위임), 우주장(宇宙葬) 등이 인기다. 1인 가구의 죽음 이후 재산 처리, 장례 준비, 유품 정리 등을 대신해 줄 위임 서비스에 관한 관심이 높아지고 있다. 재산 관리 위임 계약, 임의 후견 계약, 보수 계약, 사후관리 임명서, 민사 신탁, 반려동물에 관한 계약 등을 통해 본인이 아프거나 인지 능력 저하로 의사 표시가 어려울 경우를 대비하는 것이다. 이른바 엔딩 노트에 관한 정리를 말한다.

7) 독거노인/고령자 1인 가구
고령자나 멀리 떨어진 부모 때문에 걱정이다. 그럴 때 인체 감지 센서 등이 붙어 있는 보호 용품, 가전, 보호 서비스가 존재한다. 정부와 지자체에서 지원하는 제품이나 서비스가 많다. 이러한 제품이나 서비스로 안부 확인을 할 수 있다. 이른바 안전 및 보호 가전 이다. 카메라(CCTV), 인공지능 안심 로봇, 긴급 버튼, 온도 센서 등 다양한 제품이나 서비스가 있다.

8) 사고주(サ高住): 서비스 제공 고령자용 주택
서비스 고령자용 주택이란 자택처럼 자유로운 생활을 보내면서 관리자의 안부 확인이나 생활 상담 서비스 등을 받을 수 있는 임대주택을 말한다. 일본 후생노동성에 따르면 고령자가 필요한 지원을 받으면서 본인다운 생활을 실현할 수 있는 '주거'를 의미한다.

16. 노년의 '공간 이동', 피할 수 없는 현실:
집, 병원, 요양원 어디로 가야 할까?

질병과 사고로 임종을 맞이하는 여정, 마무리를 위한 선택과 준비

노년기에 질병이나 사고로 집을 떠나 병원, 요양병원, 요양원을 오가며 임종을 맞이하는 과정을 조명하고, 각 공간의 특징과 선택 요령을 살피며 미리 준비한다.

'죽음에 이르러 유언을 남기고 떠나는 경우는 생각보다 드물다. 환자가 침상에 누워 사랑하는 가족, 친구, 친지들에게 미안하고 고마웠다는 말을 남기고 눈을 감는 장면은 의사 생활 21년 동안 거의 보지 못했다. 드라마나 영화가 만들어 낸 죽음에 대한 흔한 착각이다. 대부분은 중환자실에서 의식 없는 채로 인공호흡기에 생명을 의존하다가 보호자 앞에서 눈을 감는 것으로 생을 마무리한다.'
- 가천대 길병원 신경외과 박광우 교수, 『죽음 공부』에서

노년기 삶의 마지막 종착역까지 긴 여정을 어떻게 준비할 것인가?

2024년 기준 70세 이상 노인의 사망자 수는 약 26만 명이다. 그중 약 20만 명(75.1%)이 일반 병원과 요양병원에서 죽는다. 이 가운데 겨우 5% 정도가 호스피스·완화의료 서비스를 이용하고 사망한다. 대부분 다시는 치료가 어려운 말기암 환자들이 호스피스 입원을 권유받는다. 의료진으로서는 환자의 고통을 객관적으로 덜어

줄 방법으로 판단했기 때문이다. 하지만 환자들은 호스피스 입원 권유가 더는 희망이 없어서 포기한다고 거꾸로 생각한다. 그래서 호스피스라는 단어 자체를 꺼내지도 않는다. 고령 환자 대부분이 말기 또는 임종기를 맞을 때까지 살던 집에서 출발해 병원 응급실, 중환자실, 일반 병실, 요양병원까지 반복적으로 옮겨 다니다가 결국 죽음에 다다른다.

의료와 돌봄이라는 여러 간이역을 거치면서 익숙한 내 집도 불편

한국인의 사망 원인 1위가 암이다. 2위는 심·뇌혈관 질환, 3위는 폐렴으로 나타났다. 또한 외부 사고로 인한 사망 역시 간과할 수 없는 원인이다. 고령층의 주요 사고 원인 1위는 '추락·낙상'이다. 응급실에 오는 65세 이상 고령자 가운데 절반가량이 낙상 환자다. 심각한 암에 걸리거나 낙상으로 골절이 발생하면 그때부터 병원과 집을 오가는 입퇴원 생활이라는 고생길로 들어선다. 다행히 주위에 돌봐줄 가족이라는 보호자가 있으면 병원 치료와 가정 돌봄이 그나마 수월하다. 하지만 치료 과정에서 질병이 더 심각해지거나, 수술에 재수술이 반복되면 그야말로 신체적·정신적·경제적 고통이 더해진다.

오랫동안 살아온 익숙한 내 집이지만 노년에는 불편한 공간으로 변모할 수 있다. 노화로 인해 약해진 몸이 질병이나 사고에 더 취약하기 때문이다. 좁은 문턱, 미끄러운 욕실, 높은 싱크대 등은 거동이 불편한 노인들에게는 모두 위험 요소다. 이 때문에 집을 개조하거나 시니어타운으로 이주하는 것도 고려하지만 선택이 쉽지는 않다. 결국 병원과 집을 오가는 생활이 흔한 일상이 될 수 있기 때문이다.

여기에 더 큰 문제는 홀로 사는 노인 가구의 증가로 혼자서는 일상생활 자체가 어려워 가족이나 친척의 도움조차 받지 못하는 경우다. 이들 대부분은 경제적인 여건도 좋지 못해 그야말로 '돌봄 공백' 상태로 병원을 전전하며 힘겨운 노년을 보낼 수밖에 없는 현실에 다가선다.

미리 준비하는 노년기, '공간 이동'에 대한 대비가 필수

이러한 현실을 생각할 때 노년의 삶은 '정착'이 아니라 '이동'의 연속으로 시선을 바꿔야 한다. 어차피 건강 상태와 경제적 여건에 따라 집, 병원, 요양병원 등 다양한 공간을 오가며 생활할 수밖에 없다. 노년의 '공간 이동'에 대한 대비는 선택이 아니라 필수라는 말이다. 특히 병원(급성기 병원), 요양병원(만성기 병원), 요양원, 호스피스는 노년의 삶에서 중요한 역할을 한다. 이에 대한 이해를 높이는 것이 필요하다.

급성기 병원: 생명의 최전선, 그러나 '퇴원'이라는 현실

암, 뇌졸중, 심근경색, 골절 등 갑작스러운 질병이나 사고 발생 시 급성기 병원은 생명을 살리는 최전선이다. 숙련된 의료진과 첨단 장비를 통해 집중적인 치료가 이루어진다. 하지만 급성기 병원은 장기 입원이 어렵다. 요즘은 정형외과에서도 골절 치료부터 퇴원까지 보통 1주일을 넘기지 않는다. 나머지는 통원 치료다. 여러 이유로 대형병원에서도 입원 기간 2주를 넘기지 않으려 한다. 심각했던 환자의 상태가 안정되면 바로 퇴원을 고려해야 하는데, 이때 발생하는 '퇴원 후 돌봄' 문제가 심각하게 다가온다. 요양병원이나 요양원으로 옮겨야 하는가 혹은 집으로 돌아가서 치료를 이어 갈 수 있는가는 심각한 고민거리다. 그래서인지 '회복기 병원'에 대한 정부 정책이 계속 눈에 밟힌다. 초고령사회인 요즘 노인 1000만 명의 의료·돌봄 대책은 국가적 이슈임이 분명하다.

요양병원이나 요양원: 과연 집으로 돌아갈 수 있나?

급성기 치료 후에도 지속적인 병원 수준의 치료와 관리가 필요한 경우 요양병원이 중요한 역할을 맡는다. 요양병원은 만성질환 관리, 재활 치료, 간호 서비스 등을 제공한다. 한마디로 '의료진'과 '의료기관'의 치료 환경에서 머문다는 의미다. 집으로 돌아갈 수 없는 환자 처지에서는 좋은 요양병원을 찾는 일 말고는 다른 대안이 거의 없는 형편이다.

먼저 '요양원'과 '요양병원'의 차이부터 알아보자. 요양병원은 의료법에 따라 설치한 의료기관이다. 따라서 병원에 '병 치료를 위해 입원한다'는 표현이 적합하다. 의사와 간호사가 상주하고, 의료법에 따르며, 입원비와 식대 등의 비용을 국민건강보험에서 부담한다. 기타 국민건강보험에서 제외한 치료나 간병인 비용은 환자 본인이 부담해야 한다. 요즘 간병인이 온종일 상주하면 15만 원이 보통이다. 요양병원은 위급한 상태는 지났지만 계속 치료가 필요하다는 의미에서 만성기 병원이라고 부른다. 전국에 약 1400개의 요양병원이 운영되고 있다. 2024년 기준 요양 급여비는 약 87조 원에 달한다.

요양원과 요양병원의 분명한 차이는 '의료행위'로 구분한다. 의료행위란 '의학적 전문 지식을 기초로 하는 경험과 기능으로 진찰, 검안, 처방, 투약 또는 외과적 시술을 시행하여야 하는 질병의 예방 또는 치료 행위 및 그 밖에 의료인이 행하지 아니하면 보건위생상 위해가 생길 우려가 있는 행위'를 의미한다. 노인요양시설인 요양원 자체에서는 의료인이 아닌 사람이 소변줄이나 콧줄 삽입 및 교체 또는 외과적 상처 소독과 같은 의료행위를 하지 못하도록 법에 명시하고 있다. 이러한 의료행위가 필요한 경우에는 요양원에서 의사를 촉탁하거나 가정간호 등의 제도를 이용해야 한다. 이를 어기면 원칙적으로 '의료법 위반'이다.

요양원은 노인복지법에 따라 설치한 노인의료복지시설로, 노인요양시설이 정확한 명칭이다. 흔히 요양원으로 편하게 부른다. '고령이나 노인성 질병 등으로 일상생활을 혼자서 수행하기 어려운 이들에게 신체활동 및 일상생활 지원 등의 서비스를 제공하여 노후 생활의 안정과 그 가족의 부담을 덜어 주기 위한 사회보험제도'인 노인장기요양보험에서 지원하는 시설이다. 이곳은 장기요양등급 1~5등급을 대상으로 하는데, 요양 시설에 입소해 주로 요양보호사의 돌봄을 받는다. 요양 시설 비용은 국가가 노인장기요양보험에서 지원하며, 일부는 장기요양등급에 따라 입소자 개인이 부담한다. 한마디로 노인의 일상을 돕는 돌봄 기관이다. 2023년 기준 전국 4500여 개의 노인요양시설에서 약 23만 명이 이용하고 있다.

지금까지 돈 없는 노인이나 가는 공간이 요양원이라는 인식이 팽배해 있다. 여전히 살 만한 곳이 못 된다는 따가운 사회적 시선도 존재한다. 하지만 실제로는 전문적 돌봄과 사회적 상호작용을 제공하는 곳이라는 시각이 분명히 존재한다. 다양한 프로그램과 활동이 제공되고, 다른 노인들과의 교류가 활발하게 이루어지며, 24시간 의료 지원이 가능해 건강 관리에 유리한 곳이기 때문이다.

자택에서의 생활과 요양 시설에서의 생활은 각기 장단점이 있다. 개인의 상황에 맞는 선택이 중요하다. 많은 노인이 내가 살던 곳에서 그대로 생활하기를 선호한다. 자택 생활은 익숙하게 움직였던 활동 공간, 가족이나 이웃과의 유대감, 그리고 추억 등 여러 장점이 있기 때문이다. 하지만 혼자 사는 노인인 경우는 돌봄 공백, 정서적 외로움, 사회적 고립의 위험이 뒤따른다. 자택 거주는 신체적, 정서적 요건과 거주 환경이 노인의 신체·정서적 상황에 맞게 갖추어져야만 가능하다. 신체와 인지 기능이 활발할 때는 자택 거주 형태가 바람직하다. 즉 건강할 때는 큰 문제가 없지만, 혼자서 거동하기 힘들고 돌봄이 필요할 때는 대안이 필요하다는 의미다.

말기와 호스피스: 삶의 마지막 여정, 존엄한 마무리를 위한 선택

더는 치료가 어려운 말기 환자에게 호스피스는 존엄한 마무리를 위한 선택지가 된다. 2025년 현재 전국에 입원이 가능한 호스피스 전문기관을 검색하면 101곳이 있다고 나온다. 이 밖에 가정용과 자문형을 모두 합하면 200곳이 있다. '호스피스' 또는 '호스피스·완화의료'는 임종자들이 죽음을 받아들이게 하고 가능한 한 편안하게 남은 삶을 보내도록 삶과 죽음에 대해 총체적으로 돌보는 것을 의미한다. 호스피스 시설에서 이루어지는 치료는 완화의료인데, 환자와 그 보호자를 위한 삶의 질 향상을 목적으로 한다. 그래서 호스피스 서비스를 이용한 사람들의 만족도가 아주 높다.

호스피스는 통증 완화, 심리적 안정, 영적 돌봄 등 환자와 가족을 위한 전인적인 서비스를 제공한다. 호스피스는 병원 내 호스피스 병동, 가정 호스피스, 독립형 호스피스 시설 등 다양한 형태로 운영되는데, 환자의 상황과 선호도에 따라 선택할 수 있다. 연명의료결정제도를 통해 자신의 뜻을 미리 밝히는 것도 중요하다.

'나'를 위한 맞춤형 노년 설계, 존엄한 마무리를 준비하자

살던 '집'이 더는 노년의 안식처로 충분하지 않다. 질병과 사고는 언제든 우리의 삶을 완전히 뒤집을 수 있다. 지금부터라도 노년의 삶을 주체적으로 설계하고, 변화에 유연하게 대처할 수 있도록 준비하는 것이 100세 시대의 필수 과제다. 특히 주요 질병 및 사고 예방, 급성기-요양-호스피스 병원에 대한 정확한 이해와 준비, 그리고 연명의료결정제도의 활용은 존엄한 노년 생활을 위한 중요한 발걸음이 될 것이다. '나'를 위한 맞춤형 노년 설계를 통해 삶의 마지막 여정을 평안하고 존엄하게 마무리할 수 있도록 노력해야 한다.

[표 3] 노년의 거주 공간 이동: 상태별 특징 및 고려 사항

상태	관리	거주	주요 고려 사항
건강	건강 검진 예방 접종	자택	건강 관리 습관 유지, 노년 생활 설계, 정기 건강검진, 각종 교육 및 환경 점검
관리	외래 진료	자택	질병 관리, 주거 환경 개선(안전 손잡이 설치 등), 간병 보험 가입 고려, 시니어타워 입주 고려 등
치료	병원 입원 외래 진료	일반 병원 - 자택	응급 상황 대비(비상 연락망, 병원 정보), 간병인 고용 가능성, 퇴원 후 돌봄 계획, 사고 재발 방지 대책, 낙상 예방 교육 재활 프로그램 참여 등
치료	병원 입원 외래 진료	일반 병원 - 요양 병원	요양병원 선택 고려(시설, 의료진, 비용), 가정간호 서비스 이용 가능성, 가족 간 역할 분담, 재활 프로그램 참여, 급성기 및 만성기 병원 통원 지원 등
말기	완화 치료 임종 돌봄	병원 - 자택	사전의료의향서 작성, 가족들과의 충분한 대화, 호스피스 시설 정보, 편안하고 안전한 임종 환경 조성 등

시니어 용품 트렌드

▶일본 사이버다인의 '하루'

일본 주택 건설 기업인 다이와하우스는 첨단 재활 로봇 '하루'를 활용한다. 하루는 병원에서 사용하는 재활 보조용 로봇으로 영화 '아이언맨'에 나오는 로봇 수트처럼 생겼다. 팔이나 다리에 장착하고 무거운 물건도 나를 수 있다. 1000만 엔 수준의 고가 장비지만, 현재 병원과 시니어타운 160여 곳에서 사용하고 있다. 이 로봇은 고령자 주택에서 도우미로서 힘든 일을 척척 처리한다.

[그림 28] 일본 사이버다인의 하루 소개(www.cyberdyne.jp)

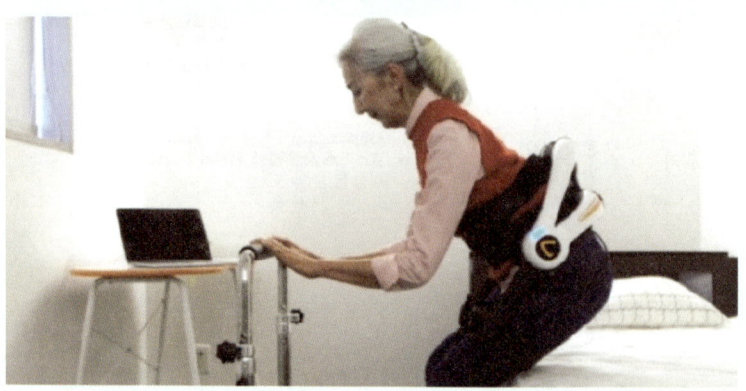

▶낙상사고

'한 번 넘어지면 석 달'은 흔한 표현이다. 노인이 겪는 안전사고 중 낙상 사고가 전체의 62.7%에 달한다. 넘어지면서 머리, 무릎, 엉덩이뼈에 손상을 입는다. 사고 대부분이 거주하는 집의 침대와 욕실에서 발생한다. 사고 후 다시 일어서지 못하는 경우가 많다. 이를 예방하는 일본의 인기 제품으로 보행 서포트, 미끄럼 방지 양말, 실내 안전 받침대, 미끄럼 방지 매트, 안전 손잡이 등을 추천한다. 국내에서도 정부와 지자체 등이 노인 낙상 예방을 위한 실내 환경 점검표나 낙상 예방 및 안전관리 가이드북을 적극적으로 홍보하고 있다. 요양 등급이 있는 경우에는 정부 지원으로 구입할 수 있다.

쉼과 여유

3부
웰니스를 위한 오감 여행_몸과 마음을 어루만지다

"현대인이 겪는 심각한 피로는 주로 감정 때문에 생긴다. 머리를 써서 생기는 지적 피로는 근육 피로와 마찬가지로 수면을 통해 저절로 회복할 수 있다. 만약 감정을 온전히 배제할 수 있다면 복잡한 회계 업무로 인해 계속 쌓이는 피로라도 수면으로 가볍게 해소할 수 있다. 사실 과로로 인한 피해는 맡은 일이 과중해서 생기기보다 일종의 걱정이나 불안이라는 감정 때문에 발생한다. 결국 감정적 피로가 인간과 외부 환경 사이에서 일종의 가림막 역할을 하여 문제를 일으키는 주요 원인이 된다."

- 버트런드 러셀, 『행복의 정복』

노벨문학상 수상자이면서 영국의 수학자로 유명한 버트런드 러셀은 그의 저서 『행복의 정복』에서 육체적 피로보다 '감정 피로'의 중요성을 강조한다. 그는 감정 피로가 자기감정이나 타인의 감정에서 발생하기 때문에 그 피로도가 훨씬 크다고 설명한다. 이처럼 정서적 피로는 단순한 수면만으로 해결할 수 없는 걱정이나 불안으로 이어지기 때문에 이를 해소할 적극적 방안을 찾는 일이 중요하다.

감정(感情, Emotion)은 '어떤 현상이나 일에 대하여 일어나는 마음이나 느끼는 기분'이라고 정의된다. 감정을 제대로 이해하려면 먼저 감각(感覺, Sense)과 자극(刺戟, Stimulation)에 대해 알아야 한다. 자극이란 외부에서 들어오는 영향으로 흥분 또는 반응을 일으키는 것을 말한다. 이러한 자극을 감각 자극이라고도 부른다. 우리가 흔히 아는 오감은 시각·청각·후각·미각·촉각으로 다섯 가지 감각을 말한다.

예를 들어 달콤한 초콜릿을 입에 넣으면 그 자극적 단맛을 혀의 미각 수용체가 감지한다. 초콜릿의 달콤한 정보는 뇌로 전달되고, 뇌는 미각 정보를 처리해 신경전달물질인 도파민을 분비한다. 이 과정에서 초콜릿의 단맛은 기분이 좋은 감정을 만들어 낸다. 이처럼 우리 몸은 외부 자극을 감각 정보를 통해 뇌로 전달하고, 감정 상태에 따라 신체가 반응하는 감각 처리 과정을 거친다. 최근에는 이러한 인간의 감성에 관한 연구인 감성 과학이나 감성 컴퓨팅 분야가 새롭게 주목받고 있다. 이들 분야에서는 사람의 감정과 감각의 구조를 더 깊게 연구해 이를 일상과 산업 분야에 적용할 수 있는 방법을 모색하고 있다.

요즘 소리·향기·컬러 테라피와 같은 대체요법이 주목받고 있다. 삶에서 쌓인 스트레스와 피로를 효과적으로 해소할 방법이 부족하기 때문이다. 주변에서 화남, 슬픔, 무기력감, 우울, 걱정으로 고통받는 사람들을 쉽게 찾을 수 있다. 이러한 상황에서 은은한 향기로 스트레스를 날려 보내는 경험을 하는 사람들이 늘어나고 있다. 히말라야 '싱잉볼' 소리를 듣고 편안한 기분을 느끼는 사례도 증가하고 있다. 이러한 경험들은 감각을 통해 감정을 조절하고 긴장에서 해방돼 마음을 고요하게 만드는 데 도움을 준다. 웰니스 프로그램들은 개인 고객뿐만 아니라 기업 임직원 프로그램으로도 새롭게 관심을 받고 있다.

9장. 향기로 떠나는 여행: 아로마테라피, 행복한 자극
장은주

17. 고대 이집트에서 현대 산업까지, 향기로 치유하는 아로마테라피의 무한한 가능성
후각을 자극하는 치유의 역사와 에센셜 오일의 성장을 기대하다

고대 이집트의 종교 의식에서 시작된 아로마테라피가 현대에 이르러 스트레스 해소와 웰빙 트렌드를 타고 급성장하고 있다. 향기를 이용한 치유의 역사적 배경과 현대 산업의 현황, 그리고 그 무한한 가능성을 살펴본다.

영화 '미이라' 시리즈는 세계적으로 흥행한 블록버스터 히트작이다. 영화는 고대 이집트 유적지에서 출발한다. 저주받은 미이라 '임호텝'이 영화 전개에 중요한 인물로 등장한다. 그는 어떤 공격에도 죽지 않는 고대 이집트의 대제사장으로 수천 년이 지나 다시 살아난 뒤 무시무시한 신적 능력을 발휘한다. 특히 임호텝이 사람의 정기를 연기처럼 빨아들여 몸을 회복하는 장면이 인상적이다.

기원전 2650년 무렵 고대 이집트의 대제사장 임호텝은 역사에 등장하는 최초의 의사, 건축학자, 공학자로서 실존했던 인물로 알려졌다. 거대한 계단식 피라미드를 설계한 인물로 추측된다. 상당한 의술까지 섭렵한 천재인데, 주술사와 의사로서 중요한 임무를 수행한 인물로 평가된다.

고대 이집트에서는 종교 의식 때 향을 피웠다. 고고학자들은 고대 이집트인들의 유적에서 많은 종류의 약용 식물과 함께 각종 용기, 병을 발견하고 고대 이집트인들의 흔적을 추측할 수 있었다. 여러 가지 허브 식물이 제사 의식용, 식용, 약용, 미용 등으로 많이 사용된 것으로 보이는 흔적들이 현재까지 전한다. 고대 파피루스에 남겨진 기록에는 이집트인이 여러 성분을 이용해 알약, 가루약, 연고 등을 만들어 사용했으며, 식물을 재나 연기 형태로 치료에 이용했다고 전한다. 지금도 아니스, 고수, 쿠민, 마늘 등은 향신료나 각종 에센셜 오일 형태로 사용되고 있다.

고대 의학 지식에서 현대 아로마테라피의 탄생까지
고대 이집트인의 의학 지식은 그리스·로마 시대로 전해졌는데, 서기 20년 무렵에는 식물학자이자 의사인 페다니우스 디오스코리데스의 『약물에 대하여(De Materia Medica)』라는 책이 등장했다. 약 600종의 식물과 1000여종에 달하는 약용 식물을 총정리한 최초의 약리학 책이다. 서기 980년경에 태어나 초기 의학의 아버지로 여겨지는 페르시아 제국의 아비세나는 『의학의 근본(Canon of Medicine)』이라는 오늘날 의학 백과사전과 같은 도서를 만들었다. 그는 알렘빅이라는 고대 증류기를 이용해 허브 오일을 추출했는데, 이를 향수, 주류, 의료용으로까지 활용했다.

프랑스 화학자 르네모리스 가테포세는 어느 날 실험실에서 일하다가 손에 화상을 입었다. 그런데 우연히 라벤더가 들어 있는 오일 통에 손을 넣었더니 손이 물집도 생기지 않고 빨리 치유되는 것을 발견했다. 그는 이를 계기로 연구를 거듭하여 마침내 1928년 『아로마테라피(Aromatherapie)』라는 책을 저술했다. 이때부터 '아로마테라피'란 용어가 오늘날까지 쓰이게 됐다.

장 발레는 프랑스의 외과 의사인데, 임상 아로마 의학의 효시로 알려져 있다. 먹는(경구용) 에센셜 오일을 처음 창안했다. 제2차 세계대전 중에 부상한 병사들을 에센셜 오일을 이용해 치료했다. 당시 에센셜 오일이 효과가 있다고 확신하고 연구와 저술 활동을 시작했다. 1964년에 저서 『아로마테라피 활용(The practice of Aromatherapy)』을 출판했다. 이로써 수많은 임상 경험에서 확인된 에센셜 오일의 약리 작용이 의사와 약제사들에게 널리 전해지게 됐다. 이후 아로마테라피가 크게 발전했으며, 에센셜 오일을 복용하는 시술도 지금까지 전한다.

스트레스 해소와 웰니스 트렌드를 타고 성장하는 아로마테라피
과도한 스트레스에서 생활하는 현대인은 신체적 건강뿐만 아니라 정신건강 때문에 고통받고 있다. 이런 가운데 최근 들어 아로마 요법이 진정 효과와 스트레스 해소 효과로 인기를 끈다. 아로마를 이용한 상품과 서비스를 즐기는 사람들이 늘고 있다. 적극적인 자기 관리 요법으로 아로마테라피를 사용하거나 스파, 명상센터, 피부관리실 등에서 아로마 서비스를 받는 추세가 확연하게 보인다.

[그림 29] 아로마테라피의 진화 과정

스위스 지바우단(Givaudan International SA), 독일 심라이즈(Symrise), 네덜란드 디에스엠 퍼메니쉬(dsm-firmenich), 프랑스의 바이오란데스(BIOLANDES), 불가리아의 에니오 본체브 프로덕션(Enio Bonchev Production) 호주 시드니 에센션 오일(Sydney Essential Oil), 미국 영리빙(Young Living Essential Oils), 미국 도테라(Dottera)…. 글로벌 시장에서 향료·향수 선도 기업들이 가파른 성장세를 이어가는 중이다.

아로마테라피, 22조 원 규모의 거대 시장으로 성장

아로마테라피는 에센션 오일 테라피라고도 부른다. 글로벌 리서치 기관인 마케츠앤드마케츠는 2027년 글로벌 에센셜 오일 시장 규모를 약 153억 달러(약 22조 원)로 전망했다. 전 세계에는 라벤더, 페퍼민트, 로즈마리 등 에센셜 오일 약 70종 이상이 거래되고 있다. 가장 큰 수요처로 유럽, 북미, 그리고 아시아태평양 지역 시장이 뒤따른다.

에센셜 오일을 구매하는 소비자는 기침, 통증, 수면, 피부 케어, 스트레스 증상 등의 완화를 목적으로 사용한다. 주로 피부에 국소적으로 바르거나, 직접 흡입 또는 공중 확산하는 세 가지 방법으로 에센셜 오일을 사용한다.

향기로 날리는 피로와 스트레스, 아로마테라피의 무한한 가능성

 아로마테라피는 단순한 향기 요법을 넘어 현대인의 신체적, 정신적 건강을 증진하는 웰니스 산업의 한 축으로 자리매김하고 있다. 역사적 깊이와 과학적 효능을 바탕으로 성장하는 아로마테라피는 다양한 분야에서 활용될 것으로 보인다. 스트레스가 넘치는 현대인에게 아로마테라피는 치유의 매개체로서 매력적인 선택지가 될 것이다.

[그림 30] 에센셜 오일 테라피의 세계

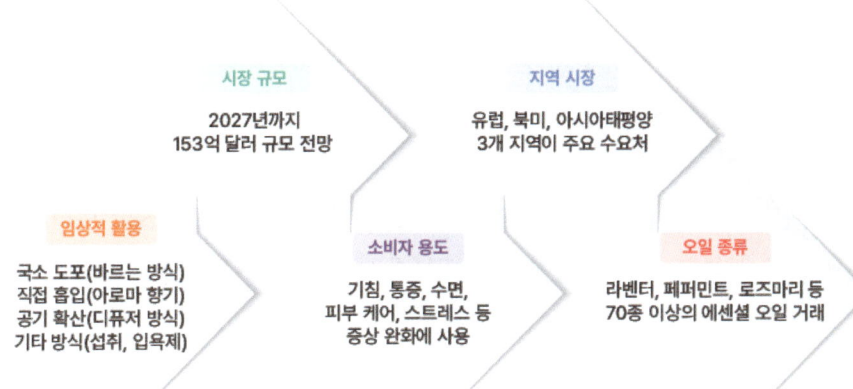

18. '아로마의 힘', 아로마테라피, 향기로 기억을 깨우고 감정을 치유하다
나에게 맞는 향은? 개인 맞춤형 아로마의 선택과 안전한 사용법

아로마는 단순한 향기를 넘어 기억과 감정을 자극하는 강력한 도구로, 다양한 산업 분야에서 활용되고 있다. 개인의 기호와 건강 상태를 고려한 아로마 선택과 안전한 사용법을 알아본다.

"아기 냄새가 나요." 존슨즈 베이비 로션이라는 브랜드가 저절로 떠오른다. 뚜껑을 열면 흘러나오는 익숙한 향기 때문이다. 아마 기억 어딘가에서 아기 향기를 소환했겠다. 이 향기를 개발한 회사는 스위스의 지바우단이다. 현재 100여 개국에서 1만 5000명 이상의 직원이 근무하는 다국적 기업으로 향수, 화장품, 음식, 세제, 치약 등 거의 모든 제품의 향료를 다루고 있다. 향기는 감정과 기억에 미치는 효과 때문에 다양한 제품에 적극 활용되고 있다. 후각 도시 디자인, 후각 예술, 후각 교육, 전자 코, 치매·파킨슨병 진단 프로그램 등 다양한 분야에서 활용되며 우리 일상에 자리를 잡았다.

어떤 향기가 오래전 기억을 소환하는 현상을 프루스트 현상이라고 부른다. 프랑스 작가 마르셀 프루스트의 소설 『잃어버린 시간을 찾아서』에서 유래했다. 미국의 심리학자이며 인지신경과학자인 레이철 허츠 박사는 향기가 뇌의 감정 중추인 편도체에서 작용한다는 사실을 2001년 실험을 통해 밝혀냈다. 향기는 단순한 자극을 넘어 우리의 정서적 경험과 직접 연결됐다는 의미다.

향기, 건강에도 영향을 미칠까?

삼나무를 영어로 시더우드(Cedarwood)라고 부른다. 제주 사려니숲의 키 큰 삼나무를 떠올리면 이해하기 쉽겠다. 시더우드에서 추출한 에센셜 오일의 주요 성분인 세드롤은 신경 진정, 항산화와 항염증 효과가 있다고 알려졌다. 2002년 연세대 박태선 교수는 세드렌이 당뇨 치료에 기여할 수 있는 향 성분에 주목했다. 이 성분이 후각 수용체를 자극해 지방을 없애고, 근육 강화에 도움을 준다는 연구 결과도 발표했다.

2025년 아로마 오일 트렌드와 특별한 허브 & 오일

1. 최고의 트렌디 허브

2025년의 4대 허브로 '아슈와간다, 강황, 엘더베리, 캐머마일'이 꼽혔다.

아슈와간다: 스트레스를 줄이고 맑은 정신을 일깨우는 효과가 있다.
강황: 단순한 향신료가 아니다. 항염 효과로 면역력을 키운다.
엘더베리: 항산화 효과가 특별한 허브다.
캐머마일: 힘든 하루를 보낸 당신을 위한 휴식을 제공하는 최고의 허브다.

[그림 31] 2025년 최고의 트렌디 허브 4종

1위 아슈와간다 - 스트레스 감소와 정신적인 명료성을 제공
2위 강황 - 항염 효과로 면역력을 강화하는 효과
3위 엘더베리 - 항산화 특성으로 건강 면역력 회복하는 효과
4위 캐머마일 - 휴식과 평온을 촉진하는 효과 제공

2. 이완을 통한 수면 개선과 맑은 정신을 위한 에센셜 오일

로즈마리 오일: 기억력 향상에 효과를 발휘한다.
베르가모트, 캐머마일, 라벤더, 일랑일랑:
수면을 개선하고 불안감을 줄여 주는 효과로 큰 인기몰이 중이다.

3. 스트레스 감소를 위한 에센셜 오일

아슈와간다: 코르티솔 수치를 낮추는 효과가 입증됐다.
인도의 인삼으로 부르며 불안을 줄여 준다.
로디올라 로제아:
홍경천으로 불리며, 아답토젠(Adaptogen) 물질 성분을 함유해 스트레스와 우울감을 줄이고 기억력 개선 효과가 있다.

4. 자연 치유와 병행하는 아로마

합성 제품 대신 천연 셀프 케어 제품 수요가 증가하고 있다. 요가, 피트니스, 명상을 하면서 아로마 요법을 병행하는 트렌드가 확산되고 있다. 예를 들어 요가·명상 프로그램에는 사막의 진주라 불리는 프랑킨센스와 병행해 체험하는 방법을 일컫는다. 프랑킨센스의 시원하고 알싸한 향이 짙게 퍼져 소란스러운 마음을 잠재우고 요가·명상의 효과를 배가시켜서 큰 도움을 준다.

아로마는 기체와 액체 형태로 나뉘는데, 각각 활용 방법이 다르다. 기체는 코로 직접 흡인하거나 방향제처럼 공기 중으로 휘발시켜 호흡을 통해 흡입할 수 있다. 액체 상태에서는 피부에 직접 바르거나 천연 오일을 섭취하는 방법이 있다. 이 밖에도 마사지, 향수, 화장품, 스파, 샤워 디퓨저, 젤, 캔들 등 다양한 활용 방법이 존재한다.

나에게 맞는 아로마, 어떻게 찾을까?

개인의 취향과 건강 상태를 고려해 아로마를 즐겨야 안전하다. 사람마다 선호하는 향기가 다른데, 어떤 사람은 알레르기 반응이나 특정 질환으로 인해 아로마 사용에 주의가 필요하기 때문이다. 따라서 아로마를 사용하기 전에 자신의 기호에 맞는 향기를 고르고, 알레르기 체질까지 확인하는 과정이 필요하다. 다음은 아로마 적합도를 테스트하고 알레르기 반응을 확인하는 방법이다.

1) 향기 테스트: 여러 가지 아로마의 향을 맡아 보고, 개인적으로 좋아하는 향기를 선택해 기록한다. 처음에는 한두 가지 향기를 선택해 향을 맡은 뒤 그중에서 마음에 드는 향을 찾는다. 예를 들어 상큼한 과일 향이나 편안한 허브 향 중 어떤 것이 더 마음에 드는지를 확인한다.

2) 혼합 테스트: 좋아하는 향기 두세 가지를 조합해 새로운 향을 만든다. 예를 들어 라벤더와 레몬의 조합으로 편안함과 상쾌함을 함께 블렌딩할 수 있다. 개인의 취향에 맞는 자신만의 특별한 향기를 발견할 수 있다.

3) 알레르기 테스트: 아로마 오일을 피부에 소량 바른다. 가령 팔꿈치 안쪽에 소량을 바르고 24시간 이내에 발진이나 가려움증 등의 반응이 없는지 확인한다. 반응이 나타나면 사용을 중단하고 전문가와 상담하기를 권한다. 이는 안전한 아로마 사용을 위한 기본 단계다.

[그림 32] 나에게 맞는 아로마를 위한 사용 절차

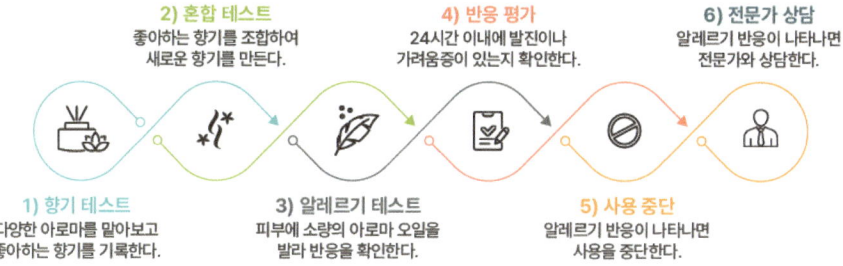

샤넬 No.5, 현대 향수 산업의 혁신을 이끌다

"잠잘 때 어떤 옷을 입나요?"
"샤넬 넘버 5."

 어느 인터뷰 질문에 영화배우 매릴린 먼로가 남긴 유명한 대답이다. 샤넬 넘버 5(CHANEL N°5)는 30초마다 한 병씩 팔리는 세계적인 향수다. 이 향수를 만든 이가 1881년에 러시아에서 태어난 에르네스트 보(Ernest Beaux)다. 그는 천연 재료만으로 향수를 만들던 당시 남프랑스 그라스 지방의 장미와 재스민 등에 화학 첨가물인 알데하이드를 섞어 새로운 향수를 탄생시켰다. 이는 현대식 향수의 출발을 알리는 혁신이었다. 2024년 글로벌 향수 시장은 약 287억 달러(약 41조 원)에 이른다. 국내 향수 시장도 약 1조 원 규모에 달한다.

향기로운 삶, 아로마테라피로 시작하세요
 고대 이집트의 파라오가 사용한 천연 아로마 재료부터 현대의 향수에 이르기까지 아로마의 적용 범위와 성장은 앞으로도 계속 기대된다. 향기는 우리의 기억을 자극하고 감정까지 움직이는 역할을 한다. 아로마는 이제 단순한 향기를 넘어 우리 일상을 더 풍요롭게 만드는 중요한 역할을 하고 있다.

쉼과 여유

10장. 사운드 테라피: 소리로 공명하다
박선미

19. 사운드 테라피, 소리의 파동으로 몸과 마음을 치유하다
원시시대, 생존 본능의 DNA부터 현대 과학적 접근까지

원시시대 위험으로부터의 도피 본능에 뿌리를 둔 청각의 치유 능력이 현대 과학과 만나 사운드 테라피로 진화하고 있다. 소리의 파동이 몸과 마음에 미치는 영향과 다양한 사운드 테라피 도구를 살펴본다.

"귀가 무엇인지 생각해 보자. 한마디로 귀는 분자들의 압력 변화를 감지하는 기관이다. 우리는 귀를 음악이나 자동차 경적을 듣는 곳이라고 여긴다. 하지만 실제로 귀가 감지하는 것은 진동이다."

- 세스 S. 호로비츠, 『소리의 과학』

"으르렁" 하는 호랑이의 포효를 들으면 다른 동물은 온 신경이 곤두서고 공포를 느낀다. '도망가'라는 경고를 듣는 듯하며 온몸이 전율에 휩싸인다. 이러한 공포의 포식자들이 내는 으르렁거림을 분석해 보니 고진폭의 초저음 성분임을 발견할 수 있었다. 미국 브라운대의 호로비츠 교수는 초저음은 귀뿐만 아니라 복부의 장기나 뼈까지도 진동시키며 온몸으로 느끼는 감정 반응을 일으킨다고 설명한다. 그는 청각이 '각성과 감정'의 바탕이 된다고 묘사한다.

태초부터 인간은 생명의 위험 신호를 느끼면 바로 도망갈 수 있도록 '소리와 위험'으로 여러 포식자에게서 벗어났다. 청각은 주변 환경에 24시간 내내 예민하게 반응한다. 귀는 미세한 시간적 구조와 절대적 주파수 내용까지 구별한다. 줄곧 주위 환경이 어떻게 변하는지 감시한다는 말이다. 환경에 갑자기 변화가 생기면 일시에 작업을 멈추고 집중하는 대상을 다시 정리하려는 습성을 보인다. 이는 진화상의 훌륭한 적응법인데, 신경 가소성으로 설명할 수 있다.

소리란 무엇일까? 진동, 파동 그리고 치유

표준국어대사전은 소리에 대하여 '물체의 진동으로 생긴 음파가 귀청을 울리어 귀에 들리는 것'이라고 정의한다. 옥스퍼드 사전은 'Vibrations that travel through the air or another medium and can be heard when they reach a person's or animal's ear'라고 설명한다. 우리말로 '공기나 다른 매질을 통해 전파되어 사람이나 동물의 귀에 전달되었을 때 들을 수 있는 진동'이다. 소리의 본질은 진동 또는 파동이다. 이 진동에 청각이 반응해 몸과 마음에 영향을 미친다고 할 수 있다.

기원전 3000년경부터 고대 이집트, 인도, 그리스 문명에서 소리와 음악을 이용한 치유가 존재했다는 사실이 유적에 남아 있다. 아주 오래전 언어와 문자가 만들어지기 전에는 구음으로 부르는 노래와 악기 소리가 고대인의 의사소통 도구였을 것이다. 각종 제사 의식이나 결혼과 장례, 나아가 전쟁터에서 신호 등으로 각종 음(音)이나 악기의 진동을 활용했다고 전한다. 인도에서는 우주의 소리라고 부르는 만트라를 명상 수행에 활용했다. 중세와 르네상스 시대에 들어서면서는 그리고리언 성가가 영적 치유와 내면의 평화를 위한 도구로 사용됐고, 특정 음계가 사람들에게 정신적 안정감을 제공한다는 사실을 인식했다.

현대 사운드 테라피, 과학적 접근과 발전
 현대로 다가오면서 음악 이론과 음향학이 발전하며 소리와 치유의 관계를 과학적으로 이해하려는 시도가 이루어졌다. 20세기 초반에는 전기와 전파 기술의 발전으로 주파수의 생리적 효과를 연구하는 새로운 장이 열렸다. 프랑스의 이비인후과 의사 알프레드 토마티스는 청각 주파수가 뇌와 신경계에 미치는 영향을 분석하며 '청각심리음운론(Audio-Psycho-Phonology)'이라는 이비인후과와 심리학의 연결 고리를 밝혔다. 1950년대 이후 미국과 유럽에서는 음악 치료가 정신건강 및 신체적 치유의 방법으로 자리 잡았다.

 심리음향학(Psychoacoustics)은 인간이 소리를 어떻게 지각하는지에 대해 연구하는 학문이다. 소리와 생리학(신체가 소리를 받아들이는 방법)과 심리학(두뇌가 소리를 해석하는 방법)을 결합했다고 이해하면 쉽겠다. 이 분야는 인간이 소리를 어떻게 인식하고 해석하며, 감정에 미치는 영향까지 탐구한다. 심리음향학은 1800년대 후반 출발한 비교적 신생 분야로 독일의 생리학자 헤르만 폰 헬름홀츠(1821~1894)가 선구자로 알려졌다.

사운드 테라피 도구의 세계
 소리를 내는 악기를 분류하는 대표적인 방법은 호른보스텔작스 분류법이다. 오스트리아 에리히 폰 호른보스텔과 독일 태생의 음악학자 쿠르트 작스의 이름에서 따온 합성어를 분류법의 이름으로 삼았다. 이들은 1914년 공동으로 학술 저널에 악기 분류법에 대한 논고를 실었는데, 여기서 악기 분류를 네 가지 체계로 나누어 발표했다. 이는 악기가 소리를 내는 원리인 발음(發音)에 초점을 맞춘 분류법이다.

① **체명악기**(體鳴樂器, Idiophones): 악기를 진동 - 마림바
② **막명악기**(膜鳴樂器, Membranophones): 가죽막을 진동 - 봉고
③ **현명악기**(絃鳴樂器, Chordophones): 줄을 진동 - 비올라
④ **기명악기**(氣鳴樂器, Aerophones): 공기를 진동 - 오보에

이후 기술 발전에 따라 전명악기(電鳴樂器, Electrophones)와 같이 전자 신호가 스피커에 도달하면 스피커의 진동판이 진동해 음파를 생성하는 분류를 추가했다.

이러한 분류법은 악기의 소리가 악기 자체의 소리가 아니라 공기의 진동으로 발생한다는 사실을 알려 준다. 파도 소리, 아이 울음소리, 컵 부딪치는 소리 등 모든 소리가 공기의 진동이라는 사실을 파악할 수 있겠다. 결국 '소리가 들린다'는 말은 소리의 진동인 음파가 귓속 고막을 진동시켜 대뇌까지 소리 자극을 보내는 과정을 말한다.

요즘 사운드 테라피에서 사용되는 주요 도구는 소리와 진동을 통해 신체와 정신의 균형을 회복하고 치유를 촉진하는 데 목적을 두었다. 특히, 각 악기 고유의 주파수와 진동 특성은 뇌파 안전, 심신 이완, 면역력 증진 등 다양한 심리적·생리적 치유 효과를 유도하는 데 실제로 긍정적인 영향을 주고 있다는 연구 결과도 보도되고 있다. 따라서 스트레스를 감소시키고 몸을 이완하는 효과는 분명하게 다가온다.

◆ 사운드 테라피 도구들

1. 히말라얀 싱잉볼은 히말라야 지역에서 오랜 전통을 가진 금속 도구로, 주로 명상과 치유 의식에 사용됐다. 금속 합금으로 만들어진 볼은 나무 막대를 사용해 가장자리에서 돌리거나 두드리면 특정 주파수를 방출한다. 소리는 낮고 깊은 진동으로 몸과 마음을 이완시켜 스트레스 해소와 에너지 균형을 돕는다. 인도 아유르베다 차크라 에너지의 조화를 촉진한다. 특정 부위에 가까이 대면 물리적 진동으로 근육과 긴장을 완화하며 심신의 평화를 제공한다.

2. 크리스털 싱잉볼은 고순도의 석영으로 만든다. 일반적으로 투명하거나 반투명한 구조다. 특정 음계를 생성하며, 주로 차크라 빛깔인 무지개 일곱 가지 색깔의 위치에 대응하는 주파수로 맞추었다. 순수하고 맑은 음색은 심신의 정화를 돕고 명상 상태로 이끄는 데 효과적인 것으로 알려졌다. 신체의 에너지를 정리해 스트레스 상태에서 벗어나게 하고, 감정적 해소에 도움을 주는 효과가 있다.

3. 공은 고대 동양 문명에서 유래한 금속 악기다. 흔히 징이라고 부르는데, 종교나 무속 의식에 사용됐다. 공은 두드릴 때 강력한 저주파 음향을 생성하며, 크기와 두께에 따라 음색이 달라진다. 저주파 진동이 전신에 공명을 일으켜 긴장을 완화하고 스트레스를 해소한다. 깊은 명상 상태로 유도하는 역할을 한다. 소리의 파동이 신체의 정체된 에너지를 풀어내는 데 도움을 준다. 공의 소리는 물리적 공간과 몸을 동시에 공명시키며, 강렬한 해방감을 제공한다.

4. 튜닝 포크는 고정된 주파수를 생성하는 도구다. 특정 진동수를

가진 금속 막대로 제작한다. 포크를 두드리면 진동이 발생하는데, 이를 신체의 특정 부위에 가까이 대어 치유 효과를 유도한다. 특정 주파수를 통해 신체 장기와 조직의 진동을 조율하고, 균형을 회복하며, 바이오필드(생체 에너지 필드)를 정렬하고, 불균형을 바로잡아 근육 이완, 통증 완화, 혈액 순환 개선에 효과를 준다.

소리의 치유력, 웰니스 시대의 새로운 가능성

원시시대 생존 본능에 기반한 청각의 능력은 현대 과학과 만나 사운드 테라피라는 새로운 치유법으로 발전했다. 다양한 사운드 테라피 도구를 통해 우리는 스트레스를 해소하고 심신의 균형을 되찾을 수 있다. 웰니스 시대, 소리의 치유력은 우리 삶의 질을 향상시키는 새로운 가능성을 제시하고 있다.

[그림 33] 사운드 테라피 도구들

20. 뇌파에서 슬립테크까지, 소리가 치유하는 세상
집중력, 수면 장애, 사운드스케이프, 새로운 가능성을 열다

과거 엠씨스퀘어 열풍부터 현재의 수면 보조 산업, 그리고 심리음향학적 연구와 사운드스케이프 트렌드까지 확장해 소리를 활용한 웰니스 산업의 과거와 현재를 살피고 그 성장 가능성을 모색한다.

엠씨스퀘어의 추억, 뇌파와 웰니스의 만남

1990년대 후반 엠씨스퀘어라는 회사가 뇌파의 일종인 알파파를 발생시켜 집중력을 높이고 스트레스를 해소하는 제품으로 학생과 학부모들 사이에 선풍적인 인기를 끌었다. 수험생에게 "띠~~~" 하는 소리를 들으면 공부를 잘하게 되는 기계라는 명성으로 50만 원에 달하는 비싼 제품 가격에도 날개 돋친 듯 팔렸다. 2000년 기준 벤처 1세대 기업인 지오엠씨(엠씨스퀘어)의 시가총액은 무려 1조 4100억 원을 넘을 정도였다. 그 이후 뇌파를 활용한 제품은 과학적인 입증이 부족하다는 논란에 휩싸이며 결국 2010년 상장 폐지됐다. 하지만 학업 스트레스에 시달리는 학생과 학부모들의 뜨거운 관심을 받으며 빛과 소리를 이용한 뇌파 발생 기기 시장의 가능성을 보여 주었다. 현재 엠씨스퀘어는 '원할 때 잘 수 있도록 돕는 수면 보조 기기'라는 콘셉트로 탈바꿈한 상태다. 과거 뇌파를 활용한 학습 보조 기기가 이제 슬립테크라는 수면 관련 산업에서 가능성을 발견했다는 점에서 의미가 있다.

'꿀잠' 돕는 슬립테크, 슬리포노믹스를 향하여

미국질병통제예방센터(CDC)는 '수면 부족'이 불안증, 우울증뿐만 아니라 고혈압, 당뇨 같은 만성질환을 유발할 수 있는 '공중 보건 유행병'이라고 경고했다. 대한무역투자진흥공사(KOTRA)의 '미(美), 꿀잠 돕는 슬립테크 시장의 눈부신 성장과 전망' 보고서는 슬립테크를 '고도화된 수면 과학과 기술을 활용해 기존 수면 관련 의약품으로 해결할 수 없는 격차를 메우는 건강 관리 카테고리'라고 했다. 다시 말해 '수면 부족'은 병원 치료 또는 의약품만으로는 해결할 수 없다는 의미를 제시한다. 이러한 수면 부족과 불면증을 해결하는 영역으로 슬립테크(Sleep+Technology)를 주목한다. 벌써 글로벌 수면 산업 시장 규모는 2024년 기준 5850억 달러(약 831조 원)로 성장했다. 수면 치료 및 의약품 외에도 일상에서 사용하는 침대 매트리스와 베개부터 조명, 스마트워치, 애플리케이션까지 많은 기업이 다양한 제품을 선보이고 있다. 아예 신조어로 슬리포노믹스(Sleep+Economics)가 등장해 숙면에 도움이 되는 제품에 많은 돈을 쏟아붓는 소비 현상까지 보인다.

세계 1억 명을 잠재우는 앱이 있다

숙면을 방해하는 주범으로 스마트폰을 지목한다. 하지만 스마트폰 입장에서는 억울하다. 간단하게 명상 앱 하나만 내려받으면 잠 못 자는 고민이 사라지기 때문이다. 세계 1억 명 이상이 사용하는 캄(Calm)을 설명하는 대목이다. '굿나잇 뮤직'을 들으면 솔솔 잠이 온다. 때로는 파도 소리나 모닥불 등 자연의 소리를 들으면서 마음을 차분하게 유지한다. 이미 캄의 기업 가치는 22억 달러(약 3조 원)를 훌쩍 넘었다. 이 밖에도 딜라이트룸의 알라미, 위시컴퍼니의 마인

드눅, 에스옴니의 솜니아 등 음악, 자율감각쾌락반응(ASMR), 백색소음, 바이노럴 비트 등 잠잘 때 들으면 좋은 소리인 수면 유도 사운드와 관련한 콘텐츠 서비스가 큰 인기를 끌고 있다.

심리음향학에서 음악심리학으로, 소리의 과학적 접근
 사운드 테라피는 심리음향학에서 출발한 음악심리학에 기반을 두고 있다. 심리음향학은 소리의 물리적 특성이 인간의 심리적 반응에 미치는 영향을 연구하고, 음악심리학은 음악이 인간의 감정, 인지, 행동에 미치는 영향을 연구한다. 이러한 학문적 배경을 바탕으로 사운드 테라피는 특정 주파수나 리듬의 소리가 뇌파를 조절하고 심리적 안정감을 유도하는 효과를 과학적으로 분석하고 활용한다.

 최근 명상 앱이나 수면 유도 콘텐츠에서 사용하는 바이노럴 비트는 좌우 귀에 약간 다른 주파수의 소리를 들려주어 뇌파를 특정 주파수로 유도하는 기술이다. 예를 들어 세타파는 명상 상태나 깊은 수면 상태에서 나타나는 뇌파로, 바이노럴 비트를 통해 세타파를 유도하면 명상 효과를 얻거나 수면을 촉진할 수 있다. 또한 ASMR도 특정한 소리나 현상에 반응해 촉발하는 쾌감 반응으로 심리적 안정감을 유도한다. 이러한 기술은 과학적인 연구 결과를 바탕으로 개발됐으며, 사운드 테라피의 효과를 높이는 데 기여하고 있다.

 각종 수면 장애의 주요 원인으로 '자율신경 불균형'이 꼽힌다. 일상에서 느끼는 자율신경 불균형은 정신적 스트레스로 인해 흥분하거나 각성 상태가 지속되는 기분 상태를 의미한다. 이러한 상태에서는 교감신경이 활성화돼 휴식이나 수면 모드로 기분을 가라앉히기가 쉽지 않다. 이럴 때에 ASMR이나 백색 소음이라는 사운드가 부교감신경을 건드려 마음을 안정시키고 휴식과 수면하기 좋도록 기분 상태의 전환을 도와준다. 음높이가 낮으면서 느릿한 물결처럼 생긴 백색 소음 음파가 지속해서 청각으로 밀려오면 우리 뇌의 뇌파와 신경계가 반응하기 때문이다. 그러면 수면에 좋은 델타파로 전환되고 신경전달물질인 세로토닌 분비도 도울 수 있는 환경이 만들어진다.

자연의 소리와 풍경을 결합한 사운드스케이프로 확장

자연의 소리를 활용한 사운드스케이프가 웰니스 트렌드로 떠오르고 있다. 1969년 북아메리카에서 전개된 생태학 운동을 배경으로 캐나다의 작곡가 레이먼드 머리 셰이퍼가 '소리(Sound)'와 '조경(Landscape)'을 합쳐서 신조어를 만들었다. 그는 소리와 사회의 관계를 연구하는 음향생태학 측면에서 우리 주변의 소음 공해도 수질 오염과 같은 환경 문제로 규정했다. 도시를 건설하거나 건축물을 지을 때에도 음향적인 요소를 반드시 고려해야 한다고 강조했다.

일본 도쿄의 지하철은 출발할 때 특별한 출발음을 낸다. 작곡가 무카이야 미노루가 음향 환경과 지하철역의 위치까지 고려해 170개가 넘는 출발 멜로디를 만들었다. 그 결과 지하철 문이 닫히기 전에 울리는 지하철 안내 멜로디를 듣고 무리한 승차를 피하고, 다음 열차 이용을 유도하는 효과를 이끌었다. 이제는 도쿄를 떠올리는 기억의 연결 고리로 지하철역 멜로디가 자리매김한다.

사운드스케이프는 특정 환경에서 들리는 모든 소리의 조합을 의미한다. 숲, 바다, 계곡, 그리고 인공적인 소리를 모두 포함한다고 본다. 이러한 백색 소음은 소음을 없애는 대신 소음의 영향을 줄이는 긍정적인 효과를 만들어 낸다. 여기에 자연의 소리까지 덧입히면 심리적 안정과 치유 효과까지 얻을 수 있다는 접근이다. 현대인들은 도시의 소음과 스트레스에 지쳐 자연의 소리 속에서 휴식을 취하고 싶어 한다. 이러한 수요가 사운드스케이프 트렌드를 이끌고 있다.

실제로 많은 연구에서 자연의 소리가 스트레스 호르몬인 코르티솔 수치를 낮추고 심박수를 안정시키는 효과가 있다는 결과를 발표했다. 또한 자연의 소리는 뇌파를 안정시키고 집중력을 높이는 효과도 있어 학습이나 업무 효율성을 높이는 데도 활용한다. 이러한 효과를 바탕으로 사운드스케이프는 명상 앱, 수면 유도 콘텐츠, 사무실 환경 개선 등 다양한 분야에서 활용되고 있다.

제품 디자인에서 서비스까지, 사운드 테라피의 확장
 수면을 돕는 사운드 마스크, 스트레스를 해소하는 사운드 테라피 의자, 집중력을 높이는 사운드 룸 등이 출시되고 있다. 여기에 병원, 스파, 요가 스튜디오 등에서는 사운드 테라피 프로그램을 제공하며 고객의 심리적 안정과 신체적 이완을 돕고 있다.
 최근에는 인공지능(AI) 기술을 활용해 개인 맞춤형 사운드 테라피 서비스를 제공하는 기업도 등장했다. 인공지능은 사용자의 뇌파, 심박수, 수면 패턴 등 생체 데이터를 분석해 개인에게 최적화된 소리를 제공하고, 사운드 테라피 효과를 극대화한다. 이러한 기술은 사운드 테라피의 접근성을 높이고 효과를 향상시키는 데 기여한다.

소리, 치유를 디자인하다

사운드 테라피는 과거 뇌파 기기 열풍부터 현재의 수면 보조 산업, 그리고 심리음향학적 연구와 사운드스케이프까지 다양한 형태로 발전했다. 과학적인 연구 결과를 바탕으로 발전한 사운드 테라피 영역은 뇌파 조절, 스트레스 해소, 집중력 향상 등 다양한 효과를 제공하며 웰니스 산업의 새로운 지평을 열고 있다. 앞으로 인공지능 기술과 융합해 개인 맞춤형 서비스를 제공하고, 제품 디자인과 서비스 분야에서 더욱 다양하게 활용될 것으로 보인다. 소리를 통해 마음을 어루만지고 웰니스를 디자인하는 사운드 테라피의 미래가 기대된다.

쉼과 여유

11장. 컬러 테라피: 빛과 색, 감정의 연결 고리
성춘매

21. 계절 변화와 음양오행, 색깔로 삶을 디자인하다
중국의 양생 트렌드 3200조 원 시장, 중국 Z세대를 주목하다

 계절의 변화를 담은 꽃의 향연부터 음양오행에 기반한 오방색, 그리고 현대적인 컬러 테라피 제품까지 색채가 인간의 심리에 미치는 영향과 웰니스 산업에서의 가능성을 엿본다.

계절의 색, 마음을 흔들다.

 봄이면 벚꽃, 진달래, 개나리가 온 세상을 채운다. 여름이 다가오면 장미, 수국, 나팔꽃, 해바라기가 뜨겁게 피어난다. 서늘한 바람이 부는 가을이면 길가의 코스모스와 국화가 반긴다. 추운 겨울에도 빨간 동백꽃과 노란 수선화가 아름다움을 선사한다. 계절이 바뀔 때마다 찬란하게 피어나는 각양각색의 꽃들이 우리 마음을 온통 흔들어 놓는다.

색깔, 감정을 깨우는 시각 정보

 우리는 눈으로 세상을 보며 모든 사물을 인식한다. 시각 시스템은 외부 이미지나 형상을 시각 감각을 통해 이해한다. 망막은 외부 이미지를 뚜렷하게 담아낸다. 찰칵, 마치 스마트폰이나 카메라로 사진을 찍듯이 말이다. 이렇게 들어온 시각 정보를 망막 피질계에서 뇌로 전달한다. 뇌는 시각 정보를 처리해 어떤 이미지인지를 인식한다.

이러한 시각 정보 처리는 우리의 감정에까지 영향을 미친다.

"빨간 장미꽃에 가슴이 두근거려요."

장미꽃 선물이 큰 감동을 준다. 시각 정보는 다른 감각 기관보다 감정에 큰 영향을 미친다. 특히 색깔은 감정에 직접적 영향을 끼친다. 빨간색은 사랑과 열정, 강한 에너지를 느끼게 한다. 파란색은 신뢰와 평화, 차분한 감정을 불러일으킨다. 어떤 경우에는 자기감정 상태에 따라 스스로가 선호하는 색깔을 선택한다고 말한다. 간혹 머리가 복잡할 때 별안간 집안 인테리어를 바꾸고 싶거나, 불현듯 가을 단풍이 떠오르는 것도 비슷한 이치다.

24절기와 음양오행, 색채에 담긴 동양 철학

중국 주나라 시대의 황하강 유역에서 24절기가 만들어졌다. 고대 동아시아 지역의 기후와 농사에서 24절기는 중요한 시간적 기준점으로 사용됐다. 절기(節氣)는 태양을 기준으로 1년 동안 이동하는 길을 24개로 나누어 계절의 변화를 나타냈다. 농경 사회에서는 24절기가 농작물을 심고 길러서 수확하는 시점을 알려 주는 지표였다. 절기만 잘 맞추면 농경 생활을 효율적으로 영위할 수 있었다. 가령 농작물을 심을 때는 춘분을 기준으로 삼았다. 추분에 다가서면 농작물 수확 시기로 기준을 맞췄다. 이처럼 과거의 조상들은 세시풍속을 24절기에 맞추어 생활했다. 이러한 전통은 현재까지 전해지고 있다.

인간은 수천 년의 시간 동안 24절기에 적응하며 생활해 왔다. 인간에게 봄은 만물이 깨어나는 생명과 희망의 계절로 이해된다. 여름은 폭풍 성장의 뜨거운 계절, 가을은 수확의 기쁨이 있는 풍요의 계절, 차가운 겨울은 휴식과 준비를 하는 시간으로 받아들였다. 이는 자연의 리듬을 타며 모든 일상을 연주하듯이 몸속에 생활 DNA로 녹아들었다. 고대 중국 자연 철학의 정수로 알려진 음양오행설(陰陽五行說)은 24절기와 맞닿아 있으며, 현재까지 하늘의 이치와 인간 삶을 이해하는 철학으로 인정받는다.

오방색, 우주의 기운을 담은 색채

오방색(五方色)은 음양오행설에 기초한 색채 이론이다. 음양오행설은 만물이 생성하고 변화하며 소멸하는 자연계의 순환을 설명한다. 이러한 자연계, 즉 우주를 이루는 다섯 가지 기본 원소를 오행(五行)이라고 부른다. 오행은 목(木), 화(火), 토(土), 금(金), 수(水)로 나뉜다. 이들은 각각 색깔로 연결돼 '오방색'이라고 불린다.

오방색은 다섯 가지 색깔로 '청적황백흑(靑赤黃白黑)', 즉 파란색, 빨간색, 노란색, 흰색, 검은색으로 구성된다.

목화토금수(木火土金水)는 각각 청적황백흑 빛깔에 해당하는데, 중화인민공화국 국기인 오성홍기(五星紅旗)도 오방색과 음양오행설이 연결돼 있다. 먼저 노란색은 가장 귀한 색깔로 여겨져 풍수(風水)의 방위에서 중앙을 차지한다. 과거 중국 황제는 황금빛 의복을 입고 황색 자금성에서 거주했다. 황색은 황실 계급에서만 사용할 수 있는 색이었다. 또 중국 황하 문명의 땅을 상징하고 오행의 중심으로 흙 토(土)에 해당한다.

빨간색은 제왕을 상징하는 색이다. 불, 즉 화(火)를 상징하며, 타오르는 화염과 뜨거운 태양이 작열하는 여름을 떠올린다. 방향은 따듯한 남쪽에 해당하고, 열정과 기쁨을 상징한다. 중국 고대부터 '적(赤), 자(紫), 홍(紅), 주(朱), 단(丹)'까지 오랜 세월에 걸쳐 붉은 색깔을 표현하며 애호했다. 자미성(紫微星), 홍포(紅包), 주사(朱沙), 단풍(丹楓) 등 여러 단어에서 빨간색 표현을 볼 수 있다. 오성홍기의 붉을 홍(紅)이란 글자 역시 같은 흐름의 표현이다.

오방색은 24절기와도 연관이 깊다. 한 해의 시작을 알리는 봄은 양력 2월 무렵으로 입춘(立春)에 출발한다. 봄은 생명의 시작을 알리는 시기로 파란색, 청색에 해당하며, 나무 목(木)과 연결된다. 청색은 새싹과 자연의 회복을 상징한다. 여름은 태양의 기운이 강해지는 시기로 하지(夏至)가 기준이다. 이 시기에 빨간색은 불 화(火)와 연결되는데, 열정과 활력을 나타낸다. 수확의 계절인 가을은 추분(秋分)이 기준이다. 가을은 흰색으로 쇠 금(金)과 연결되고, 결실과 정리를 의미한다. 겨울은 휴식과 준비의 시기다. 이때 검은색은 물 수(水)와 연결되고, 차가움과 고요함을 상징한다. 새로운 생명의 태동을 기다리는 시기를 나타낸다.

컬러 테라피, 중국 Z세대의 양생 트렌드를 이끌다
고대 중국의 자연 철학을 바탕으로 24절기, 음양오행설, 오방색, 풍수 사상 등은 현대까지 전해지면서 상용화에 이르렀다. 특히 건강과 웰니스 영역에서 각종 상품과 서비스에 활용된다. 대중이 주목하는 '양생 모드'를 중심으로 컬러 테라피 상품과 서비스가 관심을 끌고 있다.

최근 중국 소비자의 트렌드를 세 가지로 요약하면 '건강, 외모, 스마트 소비'다. 주요 소비 계층은 1995~2009년에 태어난 Z세대를 꼽는다. 태어나면서부터 인터넷을 사용했기 때문에 인터넷 세대 또는 2차원 세대라고도 불린다. 대략 2억 6000만 명으로 전체 인구의 약 19%를 차지한다. '중국 혁신경제 보고서 2021'는 이들의 시장 규모가 2035년이면 약 16조 위안(약 3200조 원)에 이를 것이라고 전망했다. 중국의 20대는 저당(低糖) 음료를 선호하며, 양생(養生) 제품, 즉 건강보조식품 등으로 건강 관리에 신경을 쓴다. 온라인 구매와 배달, 로봇 청소기, 각종 생활 편의 제품을 주로 소비한다. 게으름을 피워도 좋은 라이프스타일을 추구한다. 이를 게으름경제(나태경제)라고 부른다. 간편하고 편안한 생활을 위해 거침없이 소비하는 행태를 보인다.

한국에서는 이러한 소비 계층을 MZ세대라고 한다. 이제는 밀레니얼 세대를 의미하는 M을 삭제하고, '주머(Zoomer)'라는 용어로 구분하는 추세다. 밀레니얼 세대를 이미 기성세대 정도쯤으로 여기기 때문이다. Z세대는 태어나면서부터 경제적으로 그다지 어렵지 않았던 세대인 만큼 먹고사는 문제의 '생계비'보다 나를 챙기는 '전반적인 케어'에 관심이 높다. 죽도록 일하는 돈벌이보다 자기 나름의 의미를 부여한 돈벌이에 치중한다. 그래서 이들은 관심과 유행이 머무는 영역에서 조용히 돈을 쓴다. 소비 성향도 남다르다는 말이다.

이러한 트렌드에 맞춰 중국에서는 도파민 컬러, 건강 수면 클리닉, 색채 풍수, 색채 심리 상담 등 다양한 컬러 테라피 관련 상품과 서비스가 인기를 얻고 있다.

1) 90허우(90後) 양생 트렌드

1990년대 출생자가 건강을 챙기는 양생 추세를 의미한다. 몸매 관리, 수면 개선, 피부 건강, 탈모 관리 등 자신의 건강 관리에 관한 관심이 중장년층보다 젊은 층에서 오히려 높은 상황이다. 이와 관련한 소비가 많이 늘어나면서 전문 클리닉부터 가정용 의료 기기까지 건강과 미용 관리 제품과 서비스가 다양해지고 있다.

2) 호수면(好睡眠), 건강 수면 클리닉

잠 못 드는 중국, 20대부터 40대까지 잠을 자기 힘든 청년이 급증했다. '2022년 중국 국민 건강 수면 백서'는 중국인 75% 이상이 크고 작은 수면 문제를 겪고 있다고 보고했다. 약 3억명 이상은 실제로 수면 장애로 고통받고 있다고 밝혔다. 이러한 수면 장애 관련 시장은 2027년에 약 121조 원 규모로 전망된다. 디퓨저, 조명, 수면 케어 애플리케이션, 각종 수면 보조 음료 등이 중국 소비자들의 구매 선호도에서 판매 우위를 차지하고 있다.

3) 색채 풍수

중국 풍수에서 천장은 하늘, 바닥은 땅, 벽은 사람을 가리킨다. 만약 어떤 집을 꾸미려면 바닥에서 위로 갈수록 밝은색을 배치해야 조화롭다. 건축, 인테리어, 가구 배치 등 음양오행과 색채를 기반으로 한 이론을 색채 풍수라고 부른다. 고객의 생년월일, 성격, 생활 스타일에 맞는 색깔을 사용해 집이나 사무실을 꾸며 주며, 이를 통해 긍정적인 에너지와 편안함을 제공한다. 특히 고객의 개인적인 취향과 필요를 반영한 맞춤형 디자인이 인기다.

4) 크로마라이트

 조명 치유에 기반한 LED 조명 제품이 개발됐다. 각 색깔의 조명은 특정한 감정과 신체적 반응을 자극하도록 설계한 제품이다. 가령 파란색 조명은 편안함을 주고, 빨간색 조명은 에너지를 증가하는 효과를 낸다. 과학적 연구를 바탕으로 한 제품 개발과 효과적 마케팅 전략에 소비자 반응이 좋다.

색채, 삶의 즐거움을 향상시키는 도구

 이와 같은 사례들은 색채 치유의 이론이 실제 생활에 어떻게 적용되고 있는지를 보여 준다. 중국의 전통 사상과 색채가 결합한 서비스는 많은 사람에게 긍정적인 영향을 미치고 있다. 색깔의 힘을 통해 삶의 질을 향상시키는 데 기여한다.

용어 설명

① 음양오행설(陰陽五行說)
동아시아 문화권에서 상호작용하는 가운데 온갖 현상을 만들고, 우주 만물을 생성·변화하게 하는 근원으로 여겨지는 사상이다. 우주 만물이 서로 대응하는 '빛과 어두움', 이 두 개를 음양(陰陽)이라 부르는데, 오행(五行)은 기본 물질 다섯 가지로 목화토금수(木火土金水)를 말한다. 음양과 오행이라는 기호를 통해 조화와 통일을 강조하는 학설이다.

② 풍수(風水)
땅과 공간의 해석과 활용에 대한 동아시아의 고유 사상이다. 풍수에는 음양오행설을 바탕으로 한 동아시아의 자연관이 잘 나타나 있다. 실제로 조경과 건축 등에 오랫동안 영향을 미쳤던 사상이다. 풍수는 '바람을 막고 물을 얻는다'는 뜻인 장풍득수(藏風得水)를 줄인 말로, 생명을 불어넣는 땅의 기운, 즉 지기(地氣)를 살피는 것이다. 풍수라는 한자어의 뜻을 풀이하면 바람과 물이라는 자연 요소가 땅의 모든 기운을 다스린다는 의미다.

③ 세시풍속(歲時風俗)
세시와 풍속을 합친 용어다. 과거 전통적인 농경 사회에서 행해지던 여러 문화 행사를 통칭하는 말이다. 세시는 해, 달, 계절 등의 시기라는 뜻이다. 이처럼 세시풍속은 1년 열두 달 동안 일정한 시기에 그 사회에서 관습적으로 되풀이되는 특수한 생활양식을 말한다.

22. 도파민 컬러부터 아유르베다까지, 색채에 주목하는 중국 기업
웰니스 산업의 새로운 동력, 컬러 열풍을 조망한다

중국의 도파민 열풍부터 고대 의학의 지혜까지 색깔이 인간의 심리에 미치는 영향에 관한 관심이 뜨겁다. 웰니스 산업의 새로운 동력으로 떠오르는 컬러 열풍을 살펴보고 앞으로의 흐름을 조망한다.

도파민 컬러, 중국을 물들이다

중국의 왕훙 바이저우샤오시의 '도파민 패션', 루이싱 커피의 '도파민 아이스 커피', 퍼펙트 다이어리의 화장품 '도파민 소녀', 왕이윈 뮤직의 '무라카미 하루키 색채 시리즈 오디오북', 스타벅스의 '핑크 드링크', 하오리라이 베이커리의 '도파민 핑크 매장 인테리어', 샤오훙수의 이벤트 '색감 도전', 도파민 화장, 도파민 문구, 도파민 네일아트….

2023년부터 중국 전역을 휩쓴 '도파민 열풍'은 중국 Z세대 청년층에게 엄청난 관심과 인기를 끌었다. '재밌다, 자극적이다, 끌린다'와 같은 개념으로 사용한다. 알록달록한 밝은 색상이 쾌락 호르몬인 도파민을 생성한다는 의미로 도파민 컬러라는 신조어가 탄생했다. 이는 더욱 짜릿한 자극을 원하는 현대 사회의 추세를 반영한다. '도파밍'과 같은 새로운 행동 양식과 '도파민 디톡스'의 필요성까지 제기하고 있다.

"잘나가는 기업 대부분은 중독의 메커니즘을 정확히 이해하고 중독을 디자인하고 있다. 게임, 에스엔에스(SNS) 등 사실상 모든 기업이 인간 두뇌 속 보상회로를 자극한다는 점에서 사실상 다 똑같은 일을 하고 있다. 핵심은 사람들의 일상 속에서 시간과 관심을 완전히 붙들어 놓고 점유하는 것."

- 연세대 김병규 교수의 "빅테크 기업들, 중독 설계...
뇌 보상회로 자극해 쾌감 유발" 기사에서

도파민은 중추신경계에 있는 신경전달물질이다. 주로 즐거움과 기쁨을 주관하는 '쾌락 호르몬'으로 알려져 있다. 새로운 정보나 경험을 탐색하거나 성취하는 과정에서 즐거움을 느끼게 한다. 맛있는 음식을 먹거나 게임이나 쇼핑을 할 때, 또 음란물을 볼 때 보상 작용처럼 도파민이 분비된다. 그러나 비슷한 자극이 반복되면 뇌는 도파민 생산량을 줄이거나 수용체를 감소시켜 더 큰 자극을 찾아 헤매는 '중독'으로 이어질 수 있다. 그래서 온라인 게임 회사와 같은 기업들은 고객 정보를 자세하게 분석하고 새로운 게임 방식을 개발해 이용자를 중독시키는 방법을 찾아다닌다. 이러한 노력이 강력한 고객 확보라는 성과로 연결되기 때문이다.

색깔과 신경전달물질의 연결 고리

'행복'이라는 감정과 연결된 대표적인 색깔은 빨강과 파랑이다. 2008년 EBS 다큐멘터리 '매혹의 에너지, 색'에서는 정열적인 느낌을 전달할 때는 빨강을, 차분한 느낌을 위해서는 파랑을 사용한다는 어느 화가의 메시지를 전달했다. 실제로 '행복'과 관련한 신경전달물질로 도파민과 세로토닌을 꼽을수 있다. 이를 색깔에 적용하면 도파민은 따뜻한 빨간색으로, 세로토닌은 차가운 파란색으로 연결할 수 있다.

다양한 실험에서도 빨간색에 노출된 사람은 흥분된 감정을 느끼지만, 파란색에 노출된 사람은 차분한 감정을 느끼는 경향을 보였다. 빨강이라는 시각 정보에 뇌가 반응해 자율신경계의 교감신경을 활성화하고, 도파민이라는 신경전달물질이 분비되기 때문이라는 과학적 설명이 설득력을 얻고 있다.

고대부터 이어진 색채 치유의 역사
색채 치유의 역사는 고대 문명으로 거슬러 올라간다. 고대 인도의 아유르베다에서는 인간에게 차크라라는 에너지 순환 센터가 존재하며, 생명 에너지인 오라가 차크라 센터를 중심으로 나디라는 통로를 통해 우리 인체를 수레바퀴처럼 둥글게 돌아가면서 순환한다고 설명한다. 이러한 인체의 에너지 순환이 잘 되는 상태를 건강하다고 표현한다. 차크라 센터는 신체의 중심 선상에 7개가 위치한다.

동양 의학에서는 오라가 기(氣)에 해당하며, 기가 움직이는 통로인 경락(經絡)을 나디에 비교해 개념적인 유사성을 설명한다. '아우라가 있다'는 표현에서 사용되는 아우라는 인체나 물체에서 발산되는 영기(靈氣)나 생명 에너지를 의미한다. 요가에서는 프라나라고 부르는데, 우리 몸의 생명 에너지를 빛깔로 표현하면 '빨주노초파남보' 무지갯빛이다. 무지갯빛 에너지가 신체의 7개 에너지 센터를 통해 건강하게 순환한다는 원리가 고대 인도의 차크라 이론이다.

'빨주노초파남보' 무지갯빛의 차크라 에너지가 균형감 있게 순환하면 건강하다는 것을 의미한다. 반대로 무지갯빛 에너지의 균형이 깨지면 질병을 일으킨다고 본다. 에너지 균형이 깨져서 건강을 잃었다면 신체의 7개의 에너지 센터에 맞는 빛깔을 이용해 에너지가 부족하면 채우고, 거꾸로 에너지가 넘치면 줄이는 방법으로 건강을 회복하도록 안내한다.

[그림 34] 차크라 에너지 순환

중국의 『상한론(傷寒論)』은 서기 220년 무렵 한나라 후기의 장중경(張仲景)이 편찬한 고대 의서다. 상한(傷寒)이란 단어 그대로 외부로부터 들어오는 차가운 한기(寒氣), 더운 열기(熱氣), 습한 습기(濕氣) 등의 나쁜 기운인 사기(邪氣)로 몸이 상해서 발생하는 병이라는 뜻이다. 상한론은 이러한 나쁜 기운에 몸이 어떻게 반응하고 증상은 무엇이며, 거기에 따른 치료법은 무엇인지 정리한 책이다. '상한잡병론(傷寒雜病論)'이라고도 불리며, 『황제내경(黃帝內經)』의 맥을 잇는 동양 의학의 병리학 고전으로 통한다.

고대 중국에서는 각종 전염병으로 엄청나게 많은 사람이 죽어 나갔다. 이들을 치료하면서 얻은 대량의 임상 경험을 체계적으로 정리한 책이 바로 『상한론』이다. 전염병의 발병 원인과 증상, 발병 부위, 병적 징후, 치료 과정까지 구분해 기록했다. 이렇게 정리한 질병의 증상을 차가운 음(陰)과 더운 양(陽)의 기운을 기준으로 반으로 나누었다. 이를 삼음삼양(三陰三陽)으로 분류해 음의 기운 쪽에 3개, 양의 기운 쪽에 3개로 구분, 총 6종류로 나눴고, 육경병(六經病)이라는 이름을 지었다. 『상한론』에서는 무질서한 기존 고대 의학서와 다르게 질병의 근본 원인을 살폈다. 하나의 원리와 근거에 따른 임상 의학서라는 부분이 가장 획기적인 성과물이었다. 민간요법에 가까운 투약, 침구(鍼灸), 훈증(燻蒸), 입욕(入浴), 관수(灌水) 등 원시적인 단계에서 한 단계 크게 성장했다고 평가된다.

상한론이 집중하는 치료 방향은 차가운 음(陰)의 증상은 뜨겁게, 더운 양(陽)의 증상은 차갑게 다스리는 것이다. 인체 에너지와 자연의 기운이 모두 순환한다는 원리를 설명한다. 이른바 수승화강(水昇火降)이라는 뜻과 원리에 맞닿았다. 수승화강이란 차가운 물은 올라가고 뜨거운 불은 내려간다는 뜻이다. 마치 물이 뜨거워지면 기화(氣化)하여 수증기로 올라가고, 공기 중으로 올라간 수증기가 차가워지면 물로 바뀌는 자연의 순환을 가리킨다.

자연의 법칙과 같은 수승화강은 우리 몸에도 적용된다. 심한 스트레스를 받으면 몸이 긴장하면서 심장이 두근거리고 화(火)가 솟구치며, 우울하면 기분이 가라앉아서 물에 젖은 솜처럼 신장이 쪼그라든다고 표현한다. 실제로 극심한 스트레스는 교감신경을 자극해 심장 근육을 수축시키고 맥박수를 증가시키며, 우울증이 심한 사람은 콩팥 기능이 떨어져 신부전 발병 위험을 높인다는 연구 결과도 있다. 동양 의학에서는 두한족열(頭寒足熱) 요법으로 머리 쪽은 차갑게 하고 발 쪽은 따뜻하게 유지시켜 기혈 순환을 돕는다.

1773년 영국에서 태어난 토머스 영은 의사, 물리학자, 생리학자, 언어학자로서 무려 10여 개 이상의 언어에 능통한 천재였다. 그는 에너지라는 용어를 현대적 의미로 처음 사용했다. 이집트의 로제타석에 쓰여 있는 고대 상형문자를 현대 용어로 부분 해독하는 등 여러 방면에서 위대한 업적을 남겼다. 그의 괄목할 만한 결과물은 빛이 파동이라는 이론이다. 마치 소리가 공기 중을 지나면서 그 압력이 파도의 움직임처럼 고막으로 밀려와 결국 소리를 듣는다는 접근과 빛의 파동은 맞닿아 있다. 우리 눈 안의 망막이 색의 삼원색(RGB)인 빨간색(Red), 초록색(Green), 파란색(Blue)의 파장을 감지한다는 현대 감각생리학 이론의 기초를 다졌다.

색채, 웰니스 산업의 새로운 동력으로 부상

색채가 웰니스에 미치는 영향에 대한 소비자의 관심과 수요가 늘어나는 추세다. 색채 심리 상담, 색채 테라피 제품과 서비스, 실내 인테리어, 색채 마케팅 등 다양한 분야에서 활용 사례가 점차 많아질 전망이다. 색채가 단순한 시각적 자극을 넘어 인간의 심리적, 생리적 상태에 영향을 미치는 도구라는 사실을 알 수 있다. 도파민 열풍에서 고대 의학 이론, 그리고 웰니스 산업의 성장까지 색깔과 인간의 감정, 건강 사이의 연관성을 탐구하는 노력은 계속되고 있다.

　색채 치유는 아직 초기 단계에 있다. 다양한 연구와 임상시험을 통해 효과와 안전성이 입증된다면 현대인의 스트레스 해소와 심리적 안정, 전반적인 웰니스를 증진시키는 데 기여할 수 있다. 나아가 색채는 개인의 건강 관리뿐만 아니라 기업의 생산성 향상, 도시 환경 개선 등 사회 전반에 걸쳐 긍정적인 영향을 미칠 수 있는 잠재력을 지니고 있다. 색채가 우리의 삶에 더욱 긍정적인 영향을 미칠 수 있기를 기대한다. 이런 점에서 색채 치유와 색채 산업에 대한 지속적인 관심과 투자가 필요하다.

쉼과 여유

에필로그
웰니스와 치유, 삶의 마지막 순간까지

웰니스 라이프스타일, 질병을 넘어 행복한 삶을 위한 길잡이
질병의 고통을 넘어 삶의 마지막 순간까지 함께하는 웰니스 동행

"2026년 1월 1일 01시 01분, 홍길동님께서 사망하셨습니다."

'사망 선고'란 어떤 사람이 사망했다며 공식적으로 판정을 내리는 것을 말한다. 법률적으로는 심장과 폐 기능이 정지한 상태로 '심폐사'를 의미한다. 사망 선고를 위해서는 '동공 반응', '맥박', '호흡' 세 가지를 확인한다. 먼저 눈꺼풀을 젖히고 전등을 비춰서 눈동자를 확인한 뒤 불빛에 반응하는 동공반사에 따라 뇌 기능이 정지했는지를 체크한다. 다음 경동맥을 손으로 짚어서 맥박을 확인한다. 마지막으로 가슴에 청진기를 대고 심장박동과 호흡 여부에 따라 폐 기능 정지를 확인한다. 실제 의료 현장에서는 각종 검사를 통해 인체 장기 세 곳의 기능이 모두 멈춘 것이 확실하면 담당 의사가 사망 선고를 내린다.

죽음을 마주하는 순간까지 삶의 질을 높이는 웰니스의 중요성을 강조하며, 질병의 고통과 경제적 부담을 넘어 건강하고 행복한 삶을 위한 실천적인 방법을 함께 고민하려 한다.

죽음, 삶의 또 다른 이름

통계청 집계에 따르면 2024년 사망자 수는 35만 8400명이다. 2023년보다 5800명(1.7%)이 증가했다. 70세 이상 사망자가 26만 4400명으로 전체의 약 75%를 차지한다. 특히 각종 만성질환으로 숨진 사망자가 27만 5183명으로, 전체 사망자 10명 가운데 8명에 해당한다. 암, 심장질환, 폐렴, 뇌혈관질환이 사망 원인 1~4위를 차지했다. 이들이 사망한 장소는 의료기관(병·의원, 요양병원 등)이 75.1%이며, 주택이 15.2%로 집계했다. 생로병사(生老病死)라는 단어처럼 삶은 늙고 병들어 죽음으로 향하는 길이라는 사실을 다시금 깨닫게 된다.

질병의 고통, 웰니스로 극복하다

웰니스는 단순한 건강 관리의 개념이 아니라 질병과 반대되는 개념으로 이해하는 게 필요하다. 만약 당신이 암에 걸린 상황에 맞닥뜨린다면 이제까지의 평온하고 건강했던 일상이 순식간에 고통 가득한 시간으로 뒤바뀌는 순간이 되기 때문이다.

가톨릭대 조민정 교수팀의 연구에 따르면 65세 이상 노인 암 환자의 '생애 말기 1년 의료비'가 약 4045만 원에 달했다. 특히 임종 직전 3개월 전에 약 2534만 원(62.6%)을 지출했는데, 임종 직전 3개월 동안에 병원비의 대부분인 3900만 원(96.4%)을 지출하는 것으로 나타났다. 병원 의료비를 제외하고 환자와 보호자가 사용한 치료 관련 직간접 비용까지 합하면 엄청난 비용을 죽기 직전에 모두 소진하는 셈이다. 이는 환자 본인뿐만 아니라 가족 모두를 몸과 마음, 그리고 경제적 어려움에 빠뜨리는 결과를 초래한다. 질병이라는 위기에 빠지지 않으려면 미리 일상에서 웰니스를 추구하는 것이 가장 현명한 방법이다.

『웰니스·치유 트렌드 2026』: 웰니스를 향한 여정을 마치며

이 책 『웰니스·치유 트렌드 2026』은 웰니스의 이해, 웰니스 라이프스타일, 웰니스 체험하기 세 부분으로 구성했다. 웰니스의 개념부터 시작해 현재 웰니스 라이프스타일을 추구하는 사람들에게 주목받는 프로그램과 최신 트렌드를 소개했다.

첫째, 웰니스의 이해에서는 웰니스에 대한 기본적인 개념을 소개하고, 면역과 항상성의 중요성을 강조하며 질병을 극복하는 자연 회복력을 키우는 방법을 설명했다. 일상의 치유와 행복한 삶을 위한 웰니스 실천 방법을 제시해 독자들이 웰니스의 필요성을 느낄 수 있도록 했다.

둘째, 웰니스 라이프스타일에서는 건강한 삶을 위한 실질적인 프로그램을 살펴보고 현황을 분석했다. 웰니스를 찾아 떠나는 여행, 올바른 식생활, 웰니스 투어 프로그램, 시니어 웰니스, 치유 농업의 성공 사례 등을 통해 다양한 웰니스 프로그램을 소개했다.

셋째, 웰니스 체험하기에서는 향기, 소리, 색채와 같은 다양한 감각적 체험을 통해 웰니스를 경험할 수 있도록 구성했다. 아로마테라피와 사운드 테라피를 통해 감정을 치유하는 방법을 소개하고, 색채가 감정에 미치는 영향까지 설명했다. 독자들이 웰니스의 다양한 프로그램을 즐기고 자신의 삶에 적용하는 트렌드를 이해할 수

있도록 구성했다.

일상 속 웰니스 실천의 중요성

"자, 술 줄이시고 담배 끊으세요. 무리하지 마시고 스트레스는 가급적 피하시고요. 체중 관리하셔야 합니다. 규칙적인 식사와 운동 중요합니다. 늦은 시간 스마트폰 자제하시고, 푹 주무셔야 좋습니다."

일상에서 흔히 듣는 의사의 충고는 간단하지만 실제로 실천하기는 매우 어렵다. 하버드대 의대의 베스 프레이츠 박사는 『웰니스로 가는 길(PAVING the Path to Wellness)』에서 몸과 마음, 정신을 아우르며 일상에서 웰니스를 실천하라고 강조한다. 웰니스는 어려운 개념이 아니라 실제 행동으로 옮기는 실천이 중요하다는 의미다.

"세 살 먹은 어린아이도 알 수 있으나, 여든 살 먹은 노인도 행하기 어렵다." 중국 당나라의 시인 백거이가 불교 공부를 하던 중 도림선사(道林禪師)를 만나 나눈 유명한 대화가 법구경(法句經)에 전한다. 백거이는 부처님의 가르침이 무엇이냐며 도림선사에게 질문을 던졌다. 이에 도림선사가 "어떤 죄도 짓지 말고, 착하고 건전하게 살아야 하며, 자신의 마음을 깨끗이 하라는 것"이라고 대답했다. 이에 백거이는 "세 살 먹은 아이라도 아는 말이 아닙니까?"라고 반문했다. 도림선사는 안다고 하는 개념적인 것은 전혀 중요하지 않으며, 오로지 행동으로 옮기는 실천만이 의미가 있다고 했다.

흔히 성인병으로 불리는 고혈압, 당뇨, 비만, 고지혈증 등을 큰병이라고 느끼지 않는다. 규칙적으로 약을 먹거나 몸을 무리하지만 않으면 큰 문제가 없다고 생각한다. 하지만 생활습관병이 무서운 이유는 각종 만성질환의 주범이기 때문이다. 현재 대한민국 전체 사망자 78%에 이를 정도로 심각하다. "덜 드시고 더 운동하셔야 좋습니다"와 같은 단순한 조언이 아니라 일상에서의 실제적인 행동 변화가 필요하다. 심각한 질병 상태에 이르기 전에 라이프스타일을 개선해 적극적인 예방과 관리에 나서야 한다. 웰니스는 우리에게 단순한 선택 사항이 아니다. 건강하고 행복한 삶을 위한 필수 요소임을 다시 한번 강조한다.

이 책을 통해 독자들이 웰니스를 삶의 중요한 가치로 인식하고, 일상에서 웰니스를 실천해 건강하고 행복한 삶을 누리기 바란다. 웰니스는 삶의 마지막 순간까지 우리와 함께하는 동반자다. 웰니스를 통해 질병의 그림자를 넘어 더욱 풍요로운 삶을 살아가기를 희망한다.

미래를 향한 웰니스의 약속

"미래의 의사는 약을 주지 않고 환자의 인체 관리, 식단, 질병의 원인과 예방에 대한 교육을 제공할 것입니다."
(The doctor of the future will give no medicine, but will instruct his patient in the care of the human frame, in diet and in the cause and prevention of disease.)

- 토머스 에디슨

쉼과 여유

● 참고문헌

1. 논문 및 단행본
강유림, 김문영. (2022) MZ세대의 라이프스타일 특성에 대한 탐색적 연구. 한국의류산업학회지 제24권 제1호. 한국의류산업학회.
권미영. (2021. 2) 관광객이 지각하는 관광지매력성이 스토리텔링, 러브마크 및 관광지 애호도에 미치는 영향관계 연구. 지역산업연구 제44권 제1호. 경남대학교 산업경영연구소.
권혁재. (1974) 지정학원론. 범문사.
김한국. (2024) EDR, ASTI MARKET INSIGHT 2024-284.
김한신. (2022) 송대(宋代) 전염병과 의료적 대응-주술적 치료의 배격과 의약적(醫藥的) 치료의 보급. 의사학 vol.31, no 3, 통권 72호. 대한의사학회.
https://doi.org/10.13081/kjmh.2022.31.547
김해보. (2024. 8) 지역-활력을 만드는 문화-매력. 서울문화재단 [문화+정책] 이슈페이퍼 Vol. 2024-7. 서울문화재단.
김현남. (2004) 차크라 마사지에 관한 연구. 아시안뷰티화장품학술지 제2권 제1호. 한국피부과학연구원.
류재한, 이예림, 정정호. (2019) 노인의 라이프스타일 유형을 통한 고령친화 의료서비스 리빙랩 구축 방향. 한국디자인포럼 vol.24, no.3, 통권 64호 pp. 45-54. 한국디자인트렌드학회.
박광우. (2024) 죽음공부. 흐름출판.
박병림. (2017) 자율신경계의 구조와 기능. Research in Vestibular Science Vol. 16, No 4. 대한평형의학회.
반덕진. (2005) 히포크라테스의 발견. 휴머니스트.
배순영. (2020. 5) 2019 고령소비자의 소비생활 진단 및 시사점. 소비자 정책 동향 제104호. 한국소비자원.
베스 프레이츠 외 3명. (2022) 웰니스로 가는 길(이승현 외 5명 옮김). 청아출판사.
성무기. (2009) 국역 상한명리론(傷寒明理論). 한국한의학연구원.
세스 S. 호로비츠. (2017) 소리의 과학(이태복 옮김). 에이도스.
소민영. (2024. 1. 3) 리서치 전문 업체 센티플, 2024년 트렌드 '소비의 인볼루션' 제시. 소셜밸류.
송인갑. (2020) 후각혁명. 신아사.
오세진. (2013) 심리음향학. 시그마프레스.
오홍근 외 8명. (2000) 아로마 에센셜 오일의 항스트레스효과에 대한 연구. 대한임상신경생리학회지 제2권 제2호. 대한임상신경생리학회.
윤성규 외. (2007) 생물오개념 연구와 지도. 월드사이언스.
은산 스님. (2024. 6. 30) 국내외 명상앱 프로그램의 실태와 발전 방향. 종학연구 제11호. 동국대학교 종학연구소.
이수진 외 4명. (2023. 3) 낙상으로 입원한 노인 환자의 낙상 발생 장소와 사망과의 관계. 보건교육건강증진학회지 제40권 제1호. 보건교육건강증진학회.

이시경. (2023) 해양치유 산업에 관한 고찰. Journal of The Health Care and Life Science(ISSN 2383-4552) Vol. 11, No.2, pp. 465-470. 한국의료정보교육협회.
이지원 외 4명. (2010) 사상체질 의학적 병리관에 의한 상한론(傷寒論) 태양병(太陽病)의 재해석. 사상체질의학회지 vol.22 no 3. 사상체질의학회.
정희원. (2024) 저속노화 식사법. 테이스트북스.
조경숙. (2021. 1. 21) 우리나라 만성질환의 발생과 관리 현황. 주간 건강과 질병 제14권 제4호.
최일선 외 3인. (2024) 2023년 연안 지역 해양관광시장 소비 규모 40.9조 원으로 전년 대비 9.3% 증가. KMI 동향분석 제199호. 한국해양수산개발원.
통계청. (2025) 2024년 인구동향조사 출생·사망통계(잠정).
피터 스미스. (2015) 도시의 탄생(엄성수 옮김). 옥당.
한의환, 차형태. (2017) 러셀 모델의 확장을 통한 감정 차원 모델링 방법 연구. 감성과학 제20권 1호. 한국감성과학회.
함봉진. (2021) 2021년 정신건강실태조사. 보건복지부.
홍은경, 홍소영. (2016) 감각 처리와 감정 조절의 관련성에 대한 문헌 고찰, 대한감각통합치료학회지 제14권 제1호. 대한감각통합치료학회.
황미진, 임은정. (2021. 12) 2021 한국의 소비생활지표, 정책연구, 한국소비자원.
Candace B. Pert. (2009) Molecule of emotion. Marubol Publications.
David Mikkelson. (2006. 4. 17) Thomas Edison on the Doctor of the Future. Snopes. https://www.snopes.com/fact-check/the-doctor-of-the-future/
Edward O. Wilson. (1984) Biophilia. Harvard University Press.
Esther M.STERNBERG, M.D THE BALANCE WITHIN
Fallows, Ellen SV. (2023) Lifestyle medicine: a cultural shift in medicine that can drive integration of care. Future Healthcare Journal Vol 10. Issue 3.
Gary Shariro. (2024) Pivot or Die: How Leaders Thrive When Everything Changes. William Morrow.
Global Wellness Summit. (2025. 1. 28) Global Wellness Summit Releases 10 Wellness Trends for 2025.
Kasley Killam. (2024) The Art and Science of Connection: Why Social Health Is the Missing Key to Living Longer, Healthier, and Happier. HarperOne.
Lazarus, R. S., & Folkman, S. (1984) Stress, Appraisal, and Coping. Springer Publishing Company.
McKinsey & Company. (2024. 1. 16) Medriva.
Monteiro, C. A., Cannon, G., Levy, R. B et al. (2019) Ultra-processed foods: what they are and how to identify them. Public Health Nutrition 22(5), 936-941.
Peter Holmes Aromatica Singing Dragon Jennifer Jefferies. (2019) Aromatherapy Insight Cards for Instinctive Aromatherapy. SunXin International Co. Ltd. Taiwan.

Santa Ratna Shakya Kasa. (2024)
SINGING BOWL. The Himalayan Singing Bowl Centre.
Suren Shrestha. (2018) How to Heal with Singing Bowls. Sentient Publications.
Tanaka, H., & Yamamoto, H. (2013) Slow Jogging: Lose Weight, Stay Healthy, and Have Fun with Science-Based, Natural Running. Skyhorse Publishing.
the TOMATIS Method. Improves Motor, Emotional and Cognitive abilities, through Music and Language. https://www.tomatis.com/en/alfred-tomatis
William A. Yost. (2015) Psychoacoustics: A Brief Historical Overview, volume 11, issue 3. Acoustic Today.

2. 미디어 매체 및 기타

강상원 (2021. 10. 30) 영국 정부에는 '외로움부'가 있다. 한겨레21
https://h21.hani.co.kr/arti/world/world/51121.html
공혜정. (2021. 6. 11) 세계 1억 명을 잠 재우고 있는 앱이 있다. 중앙일보
https://www.joongang.co.kr/article/24079857
국립국어원. (2000) 표준국어대사전
https://stdict.korean.go.kr
권성환. (2024. 10. 16) 치유농업, 정신건강에 긍정적 효과. 원예산업신문
http://www.wonyesanup.co.kr/news/articleView.html?idxno=59569
권오영. (2024. 6. 10) 7명 선지식들이 전하는 선명상 안내서. 법보신문
https://www.beopbo.com/news/articleView.html?idxno=323250
김나윤. (2024. 4. 25)
문체부·관광공사, 2024 '우수 웰니스 관광지' 13개소 선정. 마이스 투데이
https://www.micetoday.co.kr/article/view/mtd202404250001
김도훈. (2023. 9. 1)
샤넬이 택한 다섯 번째 병...향수의 역사가 시작되다. 한겨레
https://www.hani.co.kr/arti/culture/culture_general/1072000.html
김련옥. (2015. 12. 24) 컬러테라피란, 색깔을 활용해 몸과 마음을 치유한다. 헬스조선.
https://m.health.chosun.com/svc/news_view.html?contid=2015122401211#-google_vignette
김명섭. (2013. 2. 26) 서울시청 수직정원 기네스북에 올랐다. 헤럴드경제
https://www.heraldcorp.com
김민지. (2023. 8. 1) 웰니스 연대기. 얼루어 코리아.
https://www.allurekorea.com/2023/08/01/%EC%9B%B0%EB%8B%88%EC%8A%A4-%EC%97%B0%EB%8C%80%EA%B8%B0/
김병전. (2023. 12. 18) [김병전의 지금 명상] 24. AI 시대, 명상 선진국으로 가는 길, 현대불교.
https://www.hyunbulnews.com/news/articleView.html?idxno=411747

김보미 (2025. 2. 7) 달콤짭짤한 함정, 초가공식품의 경고. Den. https://www.theden.co.kr/news/articleView.html?idxno=3462

김용 (2024. 12. 27) 너무 많고 무서운 '이 병' 지난해 사망 27만명…식습관이 가장 중요한 이유? 코메디닷컴. https://kormedi.com/1747398/

김은영. (2024. 3. 22) 고령화로 늘어나는 암 진료비 10조 돌파. 청년의사. https://www.docdocdoc.co.kr/news/articleView.html?idxno=3015680

김준래. (2012. 1. 5) 자연이 주는 치유, '에코 힐링'. ScinenceTimes. https://www.sciencetimes.co.kr/?p=102265

김지혜. (2024. 12. 26) 암환자 5년 생존율 72.9%…전국민 5%는 '암 유병자'였다. 중앙일보. https://www.joongang.co.kr/article/25303036

나명옥. (2023. 8. 23) 도시농업, 경제·사회·환경적 가치 5조 넘는다. 식품저널. https://www.foodnews.co.kr/news/articleView.html?idxno=104104

나연만. (2025. 2. 4) [일사일언]저속노화 그다음은…. 조선일보. https://www.chosun.com/culture-life/culture_general/2025/02/04/EBJUWLRQQ-JE5TM2UTSLUJZWMXA/

남수현. (2024. 12. 26) 사망자 78%, 만성질환이 원인…진료비 4조, 이 질환이 최대. 중앙일보. https://www.joongang.co.kr/article/25302976

류동학. (2022. 12. 12) 명리학은 24절기학이다. 대구신문. https://www.idaegu.co.kr/news/articleView.html?idxno=404734

류한준. (2024. 4. 23) 산림청, 식물정유 이용 활성화·바이오산업 확대 위한 간담회 개최. 조이뉴스24. https://www.joynews24.com/view/1711682

멜러니 웰런. (2017. 7) 유행에 민감한 웰니스 산업에서 지속적 성장을 일궈낸 소울사이클 CEO. 하버드비즈니스리뷰. https://www.hbrkorea.com/article/view/atype/ma/article_no/1001

명순영. (2024. 5. 31) 베이비부머 넘어 대세로…우린 '주머'다. 매일경제. https://www.mk.co.kr/economy/view.php?sc=50000001&year=2024&no=401604

민동주. (2023. 6. 23) 까다로운 제도가 치유농업 활성화 '발목'. 농촌여성신문. https://www.rwn.co.kr/news/articleView.html?idxno=71845

박주현. (2024. 2. 29) [초가공식품] 암·심장병·조기사망·정신건강까지 직접적 연관. 포인트경제. https://www.pointe.co.kr/news/articleView.html?idxno=9263

박중철. (2023. 9. 1) '죽음산업'을 아십니까… 한국서 '존엄하게' 죽을 수 없는 이유. 오마이뉴스. https://www.ohmynews.com/NWS_Web/Series/series_premium_pg.aspx?CNTN_CD=A0002956918

백승철. (2021. 9. 29). "이제는 바다에서 건강까지 찾는다"…해양치유 선진국 사례는. 뉴스1.

성서호. (2024. 1. 10) 우울증 환자 100만명 시대…진료비 5천억원 넘었다. 연합뉴스.
https://www.yna.co.kr/view/AKR20240109145500530
성시윤. (2019) 추운 겨울 사랑받는 해양치유도시. 더 시그니쳐.
송소영 (2023. 2. 6) 美, 슬립테크 시장 성장…국내 기업 진출 기회. 의학신문.
http://www.bosa.co.kr/news/articleView.html?idxno=2190548
신유리. (2023. 8. 19) 내 집에 적외선 치료실·오존 발생기…美 바이오해킹 유행. 연합뉴스.
https://www.yna.co.kr/view/AKR20230809120100009
신창우. (2016. 7. 8) 스트레스에 대한 적응적 반응. 한국의약통신.
https://www.kmpnews.co.kr/news/articleView.html?idxno=21062
안창욱. (2025. 2. 18) 정부, 생애 말기 돌봄 확대…요양병원은 '패싱'. 의료복지뉴스.
http://www.mediwelfare.com/news/articleView.html?idxno=4162
오상훈. (2023. 7. 25) 호스피스 권유하는 의사, 치료 포기했다는 뜻일까요? 조선일보.
https://m.health.chosun.com/svc/news_view.html?contid=2023072502015
위키피디아.
https://en.wikipedia.org/wiki/
유권준. (2018. 1. 8) 세계의 명상마을<4>인도 오로빌 공동체. 불광미디어.
https://www.bulkwang.co.kr/news/articleView.html?idxno=32001
유대형. (2017. 6. 22) 눈으로 귀로 코로…몸과 마음 어루만지다. 헬스경향.
https://www.k-health.com/news/articleView.html?idxno=30286
유숙희. (2023. 8. 5) 웰니스(wellness)란 무엇인가. 월간 원광.
https://www.m-wonkwang.org/news/articleView.html?idxno=10918
유승연. (2021. 11. 4) 『인간은 왜 외로움을 느끼는가』: 외로움의 역사. 한국예술종합학교신문.
http://news.karts.ac.kr/?p=8935
유준 (2021. 1. 31) 향만 맡아도 스트레스 풀린다는 아로마…체험 떠나볼까. 매일경제.
https://www.mk.co.kr/news/culture/10933031
유지연. (2024. 8. 17) 외딴 산골 6만명 몰려갔다…'조식 1시까지'라는 웰니스 성지 [비크닉]. 중앙일보.
https://www.joongang.co.kr/article/25271197
유해강. (2023. 9. 8) 사운드 테라피의 세계: 몸과 마음 씻어내는 소리…"듣고 나서 화장실 가는 분 많아". 한겨레.
https://www.hani.co.kr/arti/specialsection/esc_section/1107665.html
이병성. (2024. 6. 18) 치유농업, 삶의 질 높이는 대안…농촌경제 활성화도 큰 도움. 한국농어민신문.
https://www.agrinet.co.kr/news/articleView.html?idxno=328415
이상철. (2025. 1. 13) 효성 2026/27 가을-겨울 섬유 트렌드 발표. 월간 봉제기술
이승욱. (2024. 1. 15) 빅테크 기업들, 중독 설계…뇌 보상회로 자극해 쾌감 유발. 한겨레.
이영두. (2021. 8. 20) 마음을 비춰주는 빛. 울산저널.

이재혁. (2023. 10. 16) 노인 암환자 생애 말기 1년 의료비 4000만원...임종 직전 한 달 33% 사용. 메디컬투데이.
https://mdtoday.co.kr/news/view/1065587889363256
이진섭. (2024. 12. 12) 테일러 스위프트 'The Eras Tour'가 우리에게 남긴 것. 한국경제.
이찬우. (2020. 12. 4) 연세대 박태선 교수, 인슐린 없이도 '당뇨' 치료 향 성분 발견. 세이프타임즈.
https://www.safetimes.co.kr/news/articleView.html?idxno=89210
이태호. (2020. 12. 29) 음식 소화, 입에서 항문까지의 여정. 중앙일보.
https://www.joongang.co.kr/article/23956708
이해나. (2021. 5. 31) 우울증 심하면 콩팥까지 망가진다. 헬스조선.
https://m.health.chosun.com/svc/news_view.html?contid=2021053101506
정남훈 (2015. 11. 20) [향으로 보는 세상] 고대부터 시작된 '아로마 테라피'의 역사. 세계일보.
https://www.segye.com/newsView/20151119004673
정영재. (2022. 11. 26) [마음챙김 대유행] 속도·코로나에 지친 피로사회, 참선·기도·요가 수요 급증...명상 앱 시장 2027년 11조 넘을 듯. 중앙일보.
https://www.joongang.co.kr/article/25120707
조경희. (2024. 11. 29) "내 삶의 주인공은 나"...'액티브 시니어'의 소비 트렌드. 이모작뉴스.
https://www.emozak.co.kr/news/articleView.html?idxno=12135
조문규. (2024. 5. 27) 한국 관광 발전 세계 119개국 중 14위...WEF, 관광발전지수 평가. 중앙일보.
https://www.joongang.co.kr/article/25252018
조성호. (2025. 1. 16) 해마다 8~9% 성장하는 초가공식품...미국에서 정말 퇴출될까. 조선일보.
https://www.chosun.com/economy/weeklybiz/2025/01/16/E5T2I7HQINBPHB-NAKYJ776OEXY/
조철민. (2021. 6. 17) 바이오필릭 시티, 싱가포르. Landscape Times.
https://www.latimes.kr/news/articleView.html?idxno=38159
최윤수. (2023. 10. 24) 185조원 중국 '수면케어' 시장 선점하라. 약업신문.
 http://m.yakup.com/news/index.html?mode=view&nid=286742
탁지영. (2021. 6. 3) 6월 3일 내 스트레스가 누군가에겐 기회? 경향신문.
https://www.khan.co.kr/article/202106030000001
한국경제 경제용어사전.
https://dic.hankyung.com/economy/view/
한국민족문화대백과사전.
https://encykorea.aks.ac.kr/
황정수. (2025. 2. 3) 인류 난제 풀어 줄 AI가 온다. 한국경제신문.

쉼과 여유

부록

1. 대한민국 웰니스·치유 트렌드 변화의 흐름
(2000~2026년 전망)

대한민국은 건강과 행복을 추구하는 방식이 시대 변화와 함께 꾸준히 발전했다. 2000년대 초 '웰빙'이라는 키워드로 시작한 흐름이 현재 '웰니스'라는 포괄적인 개념으로 확장되며 우리 삶의 필수적인 요소로 자리 잡았다. 이러한 변화 과정을 주요한 움직임과 이슈 중심으로 살펴본다.

1. 2000~2003년 기준: 웰빙의 출발, 요가와 건강식품 전성기

2000년대 초반, 특히 2003년을 기점으로 '웰빙'이라는 단어가 한국 사회에 빠르게 확산한다. 이는 경제 성장으로 인한 물질적 풍요로 인해 삶의 질과 정신적인 만족을 추구하는 새로운 움직임이었다. 이 시기에는 주로 신체건강, 여가 활동, 그리고 건강하고 좋은 것을 소비하는 라이프스타일에 초점을 맞추었다.

▶ 주요 이슈
1) 웰빙 개념 소개: 주요 언론에서 웰빙 개념을 소개하기 시작
2) 2003년 웰빙 유행 본격화: 유기농 식품, 건강한 다이어트, 자연주의 화장품, 피트니스 운동 등에 관한 관심과 소비 급증
3) 요가 및 필라테스 확산: 신체 단련과 심신 안정에 도움이 되는 요가와 필라테스의 도입과 대중 확산
4) 웰빙 아파트 건설: 아파트 단지에 피트니스센터, 조경, 산책로 등을 갖춘 웰빙 콘셉트의 브랜드 주거 공간 등장→ 2003년 사스(SARS) 발생 (김대중-노무현 정부)

2. 2008년 기준: 웰빙 열풍 및 웰니스 개념 등장

2000년대 후반을 지나면서 웰빙은 단순히 신체적 건강을 넘어 정신적·정서적 안정의 중요성을 포함하는 '웰니스'라는 개념으로 확장된다. 특히 2007년 글로벌 금융위기와 국민소득 2만 달러 돌파 등 격변하는 시대의 탈(脫)스트레스와 관련한 시장이 커졌다.

▶ 주요 이슈
1) 요가 및 명상 열풍: 단순한 운동을 넘어 심신 안정과 연결되는 요가와 마음챙김 명상이 대중에게 관심
2) 필라테스의 전문화 및 다양화: 필라테스가 체형 교정, 재활 등 전문적 영역으로 확대, 다양한 프로그램이 대중에게 인기몰이
3) 건강한 먹거리의 지속적 관심: 식품 안전에 대한 사회적 관심이 높아지고 건강한 식재료와 각종 조리법을 소개
4) 스트레스 해소 및 심리 안정 시설 수요 증가: 스파, 테라피센터 등 심신 안정 및 스트레스 관리를 위한 힐링 휴양 시설 소개
   → 2009년 신종플루 발생(이명박 정부)
   → 2012년 산림청「산림문화·휴양에 관한 법률」제정 및 시행

3. 2013년 기준: 웰니스 및 친환경 라이프스타일 부각

건강과 운동에 관한 관심이 하나의 라이프스타일로 자리 잡으며, '디톡스' 또는 '킨포크'와 같은 키워드가 유행했다. 친환경, 자연, 단순, 행복, 공동체적 가치 등이 웰니스의 흐름과 함께한다.

▶ 주요 이슈

1) 걷기와 달리기 열풍: 국내 마라톤 인구 400만 명(2016년 기준), 하루 만보 걷기, 둘레길 걷기 등 간편한 생활 체육이 각광
2) 디톡스 유행: 해독 주스, 클렌즈 주스 등 몸 안의 독소를 배출한다는 개념의 디톡스 관련 제품과 식단이 인기
3) 킨포크 라이프스타일 주목: 자연 속에서 소박하고 여유로운 삶, 가족 및 친구와 함께하는 공동체적 가치를 중시하는 킨포크 스타일이 웰니스의 한 형태로 유행
   → 2015년 메르스(중동호흡기증후군) 발생(박근혜 정부)

4. 2020년 코로나19 팬데믹 기준: '집콕' 웰니스와 셀프 케어 확산

2020년 초부터 시작된 코로나19 팬데믹은 웰니스 트렌드에 중요한 시점이다. 비대면 환경이 일상화되면서 건강 관리와 웰니스 활동이 모두 집 안으로 옮겨 왔다. 개인의 면역력과 건강 상태를 스스로 관리하는 셀프 케어가 핵심으로 부상했다.

▶ 주요 이슈

1) '집콕' 문화와 홈트(홈트레이닝) 확산: 외부 활동의 제약으로 집에서 운동하는 홈트레이닝의 폭발적인 증가와 온라인 피트니스 콘텐츠 소비 급증
2) 셀프케어 제품 및 비대면 서비스 성장: 피부 관리, 마사지, 체형 교정 등을 할 수 있는 다양한 셀프 케어 기기와 제품이 인기몰이. 그리고 온라인 요가, 명상 수업 등 비대면 서비스도 활성화

3) 정신건강의 중요성 부각: 팬데믹으로 인한 불안감, 고립감 등으로 정신건강에 대한 사회적 관심이 커지며 명상 앱, 온라인 심리 상담 등 관련 서비스 이용 증가
4) 이너 뷰티 및 건강기능식품 시장 성장: 면역력 강화, 피부 건강 등을 위한 건강기능식품 및 먹는 화장품(이너 뷰티) 시장 성장
   → 2020년 코로나19 글로벌 팬데믹 사태 발생(문재인 정부)
   → 2021년 농림축산식품부 「치유농업 연구개발 및 육성에 관한 법률」 제정 및 시행
   → 2021년 해양수산부 「해양 치유 자원의 관리 및 활용에 관한 법률」 제정 및 시행

5. 2023년 이후: 포스트 코로나와 2026년까지의 웰니스 전망

2023년 코로나19 종결 선언 이후 일상이 회복되면서 웰니스 트렌드도 새로운 국면을 맞이했다. 팬데믹 기간 동안 내재화된 건강 관리 습관이 이어지는 동시에 외부 활동 욕구와 정보기술 발달이 결합한 형태의 웰니스가 크게 성장할 전망이다.

▶ 주요 이슈
1) 개인 맞춤형 초개인화 웰니스 심화: 건강 데이터, 유전자 정보, 생활습관 등을 종합적으로 분석해 개인에게 최적화된 식단, 운동, 수면 관리, 영양제 등을 제안하는 서비스가 더욱 고도화될 것임. 인공지능 기반의 맞춤형 웰니스 코칭도 확산 전망
2) 번아웃 해소 및 지속 가능한 웰니스 추구: '갓생', '미라클모닝' 등 번아웃을 경험한 사람이 늘면서 무리한 목표보다는 꾸준하고 즐겁게 실천할 수 있는 '지속 가능한 웰니스'를 추구하는 경향이 강세
3) 기술 융합 웰니스 확장: 웨어러블 기기는 더욱 정교해지고, 스마트홈 기술과 연계해 수면 환경 관리, 실내 공기 질 개선 등 일상 속 웰니스를 돕는 기술 발전

4) 웰니스 관광 활성화 및 법적 기반 강화: 치유와 휴식을 결합한 웰니스 관광에 대한 수요 증가로 「치유관광산업육성법」 정부 지원
5) 건강한 노화 관심 증대: 질병 치료보다는 예방에 힘쓰고, 단순히 오래 사는 것을 넘어 건강하고 활력 있는 노년 생활을 준비하는 '건강한 노화'에 대한 관심 급증
　→ 2024년 문화체육관광부 「치유관광산업 육성에 관한 법률」 제정 및 시행

[그림 35] 대한민국 웰니스 트렌드 변화의 흐름

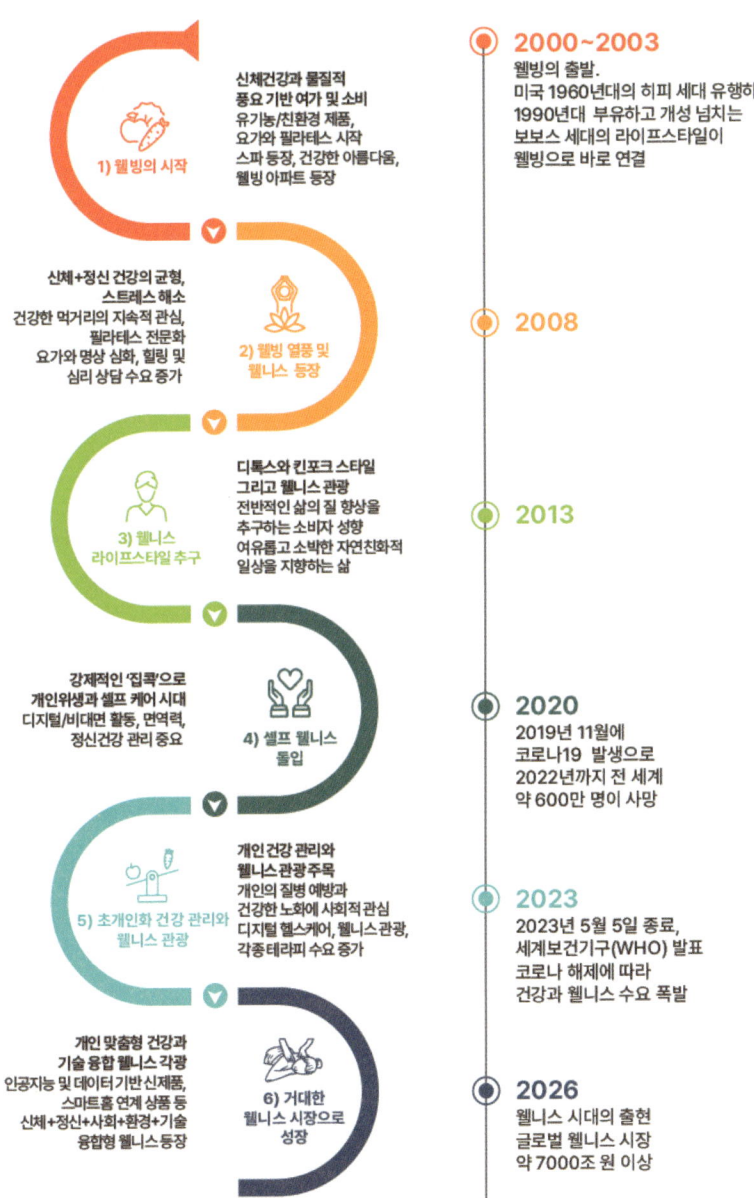

부록

2. 웰니스 자기 점검표: 진단 및 개선 가이드

아보하, 오운완, 갓생루틴... 걷기·달리기까지 웰니스 열풍이다. 직장인은 하루 대부분을 사무실에서 보낸다. 과도한 업무, 불규칙한 생활, 스트레스, 운동 부족, 불균형한 식사 등 다양한 건강 위협에 노출될 수밖에 없다. 아래의 웰니스 자기 점검표는 이런 현실을 개선하기 위한 자기 관리 항목을 한눈에 점검하고 개선하도록 도와준다.

▶ 작성 방법

- 아래 각 항목을 실천했다면 □에 ✓ 표시한다.
- 표시한 개수에 따라 내 웰니스 상태를 진단할 수 있다.
- 체크가 적은 영역은 개선 가이드와 함께 행동으로 실천한다.

1. 수면과 회복 영역
- ☐ 어제 7시간 이상 충분히 잠을 깊이 잤다.
- ☐ 취침 1시간 전에 스마트폰/PC 사용을 중단했다.
- ☐ 침실이 어둡고 적정 온도(18~22°C)로 덥지 않았다.
- ☐ 아침에 일어나 피로감 없이 상쾌하게 기상했다.

2. 영양과 수분 영역
- ☐ 단백질과 채소를 한 끼 이상 챙겨 먹었다.
- ☐ 하루 1.5L 이상 물을 마셨다.
- ☐ 오늘 세 끼를 규칙적으로 먹었다.
- ☐ 초가공식품, 배달 음식 등 섭취를 하루 1회 이하로 제한했다.

3. 운동과 신체활동 영역
- ☐ 오늘 30분 이상 걷기/달리기/유산소 운동을 했다.
- ☐ 10분 이상 근력 운동(스쿼트, 플랭크 등)을 했다.
- ☐ 최소 2시간마다 5분 스트레칭을 실천했다.
- ☐ 계단 이용, 대중교통 하차 후 걷기 등 일상에서 적극적으로 움직였다.

4. 정신 건강과 스트레스 관리 영역
- ☐ 하루 한 번 이상 웃거나, 유쾌한 순간을 경험했다.
- ☐ 오늘 나에게 긍정적인 대화를 1회 이상 했다.
- ☐ 스트레스 상황에서 심호흡, 이완 등 자기조절 전략을 썼다.
- ☐ 5분 이상 명상이나 심호흡을 하면서 외부 산책을 실천했다.

5. 자세와 환경 영역

☐ 모니터 높이와 팔 각도를 올바르게 맞췄다.
☐ 최소 30분마다 자세를 바꾸거나 2분 이상 서 있었다.
☐ 장시간 앉을 때 허리를 등받이에 붙이고 앉았다.
☐ 하루 1회 이상 창문을 열어 환기했다.

6. 사회적 웰니스와 감정 관리 영역

☐ 가족/친구와 10분 이상 긍정적 대화를 나눴다.
☐ SNS, 메시지 등 온라인 소통을 긍정적으로 활용했다.
☐ 하루 한 번 이상 타인에게 칭찬 또는 격려의 말을 전했다.
☐ 취미 활동이나 커뮤니티 참여로 에너지를 재충전했다.

7. 건강 관리 및 검진 영역

☐ 최근 1년 이내에 혈압·혈당·콜레스테롤 수치를 확인했다.
☐ 최근 1년 이내에 치과·안과 등 정기 검진을 받았다.
☐ 가족력, 만성질환 등 건강 위험 요소를 점검하고 관리한다.
☐ 예방접종(독감, HPV 등)을 최신 상태로 유지하고 있다.

▶ 체크 개수로 점검하기(총 28문항 기준)

1) 24~28개

웰니스 라이프를 실천하는 갓생루틴 달성!
웰니스 라이프를 매우 잘 실천하고 있으니 꾸준히 유지하며, 운동이나 명상법 등 새로운 도전으로 자기 관리를 확장한다.

2) 18~23개

오운완·아보하를 위한 하루 루틴 양호!

전반적으로 건강하지만, 체크가 적은 영역(수면, 운동, 정신 등)을 중심으로 1~2가지씩 점차 실천을 늘려본다.

3) 11~17개

기본은 OK, 하지만 개선을 위한 노력이 필요!

부족한 영역이 분명하니 체크가 적은 카테고리부터 한두 가지씩 매일 실천을 늘린다. 예를 들어 운동이 부족하다면 출퇴근 시 15분 걷기를 추가하고, 수분이 부족하다면 책상에 물병을 둔다.

4) 10개 이하

생활습관을 웰니스에 맞도록 행동 변화가 절실!

생활습관에 즉각적인 변화가 필요하니 수면, 식사, 운동 등 핵심 항목부터 하나씩 실천해본다. 필요하다면 영양, 운동, 정신건강 등 전문가 상담도 도움이 된다.

▶ 점검표에 따른 개선 가이드

- 수면은 매일 7시간 이상 확보한다. 취침 1시간 전에는 스마트폰과 컴퓨터 사용을 중단해 숙면을 돕는다.
- 아침, 점심, 저녁을 거르지 않고 단백질과 채소를 꼭 챙겨 먹으며, 하루 1.5L 이상의 수분 섭취를 유지한다.
- 매일 30분 이상 걷기, 달리기, 유산소 운동을 실천하고, 10분 이상의 근력 운동과 1~2시간마다 5분 스트레칭을 병행한다.
- 명상이나 심호흡, 감사 일기 등 정신건강 관리 활동을 하루 한 번 이상 실천한다.

- 30분마다 자세를 바꾸고, 올바른 자세를 유지하며, 하루 1회 이상 환기를 통해 쾌적한 환경을 만든다.
- 가족, 친구와 긍정적인 대화를 나누고, 취미 활동이나 커뮤니티 참여로 정서적 에너지를 충전한다.
- 정기적인 건강검진과 예방접종을 통해 건강 상태를 꾸준히 관리한다.
- 체크가 적은 영역부터 하나씩 실천을 늘려간다. 작은 변화가 웰니스의 시작임을 기억한다

쉼과 여유

추천의 글

| 자연스러운 노화를 즐기는 지혜로운 선택

항노화(Anti-Aging), 역노화(Reverse Aging), 저속 노화(Slow Aging) 등 더 젊게 오래 살려는 심리적 욕구를 반영한 유행어가 눈길을 끈다. 노화는 나이가 들면서 생기는 자연스러운 변화 과정이다. 눈이 침침해져서 불편하다. 계단을 조금만 올라도 금방 숨이 찬다. 튼튼했던 무릎마저 아프다. 근육이 빠지고 몸도 뻣뻣해진다. 만약 특정한 질병 때문에 생기는 증상만 아니라면 노화는 나이 들어가는 당연한 현상이다. 따라서 나이가 들어 가면서 건강하고 행복한 일상을 추구하는 활동으로 '웰니스'를 떠올리면 좋겠다.

나이가 들어도 건강한 습관을 만들고 주도적인 삶을 꾸려 가면 제2의 황금기는 언제든 찾아온다. 뒤늦은 질병 치료보다 예방을 우선으로 관리해야 올바르다. 건강할 때만이 누릴 수 있는 삶의 질을 고려하는 웰니스의 가치는 앞으로 더욱 강조될 수밖에 없다. 웰니스의 개념부터 앞으로 비즈니스 트렌드까지 총망라한 이 책이 건강한 노화에 대한 시각과 태도를 바꾸는 지침서가 돼 줄 것이다.

머니투데이, 바이오부 박정렬 기자

| 자연스러운 노화를 즐기는 지혜로운 선택

"건강한 신체는 영혼의 안락한 객실이고, 병약한 신체는 영혼의 감옥이다."

1600년대 영국 정치가 프랜시스 베이컨은 건강한 몸이 영혼도 행복하고 평화롭다며 당시의 국민에게 충고했습니다. 2025년 오늘을 살아가는 현대인에게도 되풀이하면서 강조되는 문구입니다.

'웰니스'는 건강과 웰빙을 의미하는 용어로, 신체적·정신적·감정적·사회적 건강을 종합적으로 고려한 상태입니다. 이는 질병을 예방하는 것을 넘어 건강한 식습관, 운동, 스트레스 관리, 충분한 수면 등을 포함해 균형 잡힌 삶을 추구하는 개념으로 이해합니다.

교육 현장에서 오랫동안 '교사의 건강'에 관심이 많았습니다. 건강한 교사가 건강한 학생을 키울 수 있기 때문입니다. 우선 교사들이 웰니스의 중요성을 인식하고 실천함으로써 스스로 심신을 건강하게 유지하면 학생들에게 저절로 그 효과가 이어집니다. 이 책은 실생활에서 적용 가능한 웰니스 실천 방법을 구체적으로 제시합니다. 가정과 학교 모든 공간에서 웰니스 문화가 정착할 수 있는 데 필요한 기본서입니다. 일독을 권합니다.

전 평택교육지원청 교육장 김기연

| **'웰니스'는 선택이 아니라 필수**

　스트레스가 가득한 일상은 '웰니스'가 선택이 아니라 필수로 다가 옵니다. 이 책은 건강과 행복을 추구하는 요즘의 추세를 정확히 짚습니다. 잠깐 반짝하며 지나는 유행을 넘어 지속 가능한 트렌드 정보를 알려 줍니다. 특히 실생활에서 쉽게 적용 가능한 웰니스 솔루션들이 눈에 들어옵니다.

　초고령화 시대, 고령자의 삶의 질 향상과 예방 중심의 의료 전략이 절실합니다. 이 책은 웰니스 산업의 미래 비전을 시의적절하게 제시하고 있습니다. 건강의 일선에서 환자를 대하는 약사의 시각에서 미래를 준비하는 의료인뿐만 아니라 건강산업 관계자 여러분에게 필독서로 이 책을 추천합니다.

건강한 삶의 길잡이, **강태희 약사**

| 지식재산권과 비즈니스 전략의 유기적 연결이 필요한 요즘

초고령화 사회와 MZ세대의 건강 소비 증가라는 시대적 흐름 속에서 웰니스 산업은 단순한 유행을 넘어 지속 가능한 비즈니스의 핵심 영역으로 부상하고 있습니다.

이 책은 웰니스 전반에 걸친 핵심 키워드를 심층 분석함으로써 기업과 연구기관, 정책 입안자에게 필요한 인사이트를 제공합니다. 또한 소비자 트렌드에 기반한 전략적 접근은 신규 서비스 개발이나 브랜드 포지셔닝, 그리고 기술 기반 웰니스 솔루션에 대한 지식재산권 확보에까지 폭넓은 시사점을 제시합니다.

시대 흐름에 맞는 시장 개척과 변화에 따른 시장 대응을 고민하는 개인, 기업의 많은 분에게 이 책은 전략적 지침서가 될 것입니다.

IP ZOOM 국제특허법률사무소 대표 **박진호**

| 배부르고, 등 따스우면 되는 시절이 있었다.

    웰빙·힐링·참살이…. 건강에 대한 개념과 관련 산업은 계속 변했고, 현재도 진행되고 있다. 그럼 건강 100세를 내다보는 지금은? '웰니스'다.
    세계 웰니스 시장이 초급성장하고 있다. 웰니스. 건강 내음에 무언가가 더 녹아 있을 것 같다. 그런데 손에 확 잡히진 않는다. 그도 그럴 것이 웰니스에 녹아 있는 가치들도 시대 니즈에 따라 변모하기 때문이다.『웰니스·치유 트렌드 2026』은 현재 우리 삶을 휘감고 있는 웰니스·치유 비즈니스의 현주소를 오롯이 보여 준다.
    이 책은 웰니스·치유 시장을 손금처럼 들여다본다. 요모조모 다른 세부 주제는 '이런 것도?'란 반문까지 들게 한다. 해양 치유, 초가공 식품, 저속 노화, 회복 여행, 헬시 플레저, 체중 감량….『웰니스·치유 트렌드 2026』은 관련 산업 종사자들의 알찬 정보서이면서 즐거운 건강 생활을 추구하는 대중들의 길라잡이다. 사무실과 집에 한 권 둘 만하다.

건강포털 힐팁(Healtip) 대표 황운하(의학전문기자)

| 몸의 회복을 넘어 마음의 회복으로

『웰니스·치유 트렌드 2026』은 단순히 질병을 다루는 책이 아닙니다. 몸과 마음, 공간과 사람 사이의 균형을 다시 묻습니다. 그리고 웰니스란 결국 '어떻게 살아갈 것인가'에 대한 깊은 질문에서 출발함을 일깨워 줍니다.

질병을 예방하는 것도 중요하지만, 이미 겪고 있는 이들에게 더 중요한 것은 '어떻게 받아들이느냐'입니다. 웰니스는 단지 관리의 기술이 아니라 삶을 대하는 태도입니다. 이 책은 그 방향을 가장 정직하고 객관적으로 보여 줍니다.

오마이뉴스 웹기획자·콘텐츠 작가 공명식

| 양생 문화의 수천 년 지혜를 담아 웰니스와 결합하다

양생(養生)은 '생명력을 기르고 삶을 돌본다'는 뜻이다. 동양의 여러 고전 문헌에서는 무병장수하려면 치료보다 예방이 중요하다는 건강 관리법을 강조한다. 기원전 369년 무렵 송나라 철학자 장자(莊子)의 '양생주(養生主)'에서는 인간의 삶이 유한한데, 끝도 없이 욕심을 내면 위험하다. 자기 삶을 마지막까지 온전하게 돌보기 위해서는 자연의 순리를 따르라며 양생을 가르친다.

『웰니스·치유 트렌드 2026』의 출간을 진심으로 환영한다. 특히 중국의 도파민 열풍에 관한 내용이 '컬러 테라피' 편에 담겨 있어서 반가웠다. 최근 중국 젊은이들 사이에 웰니스에 관한 관심이 높아져서 전통적인 양생법과 현대적인 웰니스 트렌드를 결합한 색다른 비즈니스가 눈에 띈다. 특히 피부와 체형 관리, 수면 개선, 심리적 안정 등을 위한 제품과 서비스가 큰 인기를 끌고 있다.

이 책은 중국의 웰니스 산업 발전에 중요한 영감을 제공할 뿐만 아니라 중국인들이 건강하고 행복한 삶을 추구하는 데에도 큰 도움이 될 것이라 믿는다. 동서양의 웰니스 지혜를 융합해 새로운 양생 문화를 발견하는 계기가 되기를 기대한다.

베이징 화타 직업기능훈련학교 교수 김혜란

| 복잡한 시대를 살아가는 당신에게 전하는 행복 메시지

    급변하는 현대 사회에서 웰니스는 '시간이 날 때 챙기는 선택 한 가지'가 아니라 우리의 삶과 직결된 '필수 요소'로 다가옵니다.
웰니스는 현실과 동떨어진 이상이나 도피처가 아니라 건강하고 행복한 일상을 적극적으로 만들어 가는 실천적인 여정을 가리킵니다. 이 책은 '실천적 여정'을 위한 구체적인 안내서입니다. 바쁜 일상에서 잠시 숨을 고르고, 과도한 스트레스 속에서도 흔들리지 않고 자신을 되찾으며, 몸과 마음의 균형을 다시금 설계하는 실질적 방법들을 제시합니다.
    이 책은 거창한 이론 대신 깊은 사유와 온기를 담았습니다. 누구보다 완벽한 인생을 추구하기보다 충실하고 행복한 삶에 집중합니다. 건강과 웰니스에 대한 새로운 깨달음을 얻고, 스스로를 더욱 아끼며 만족스러운 일상을 추구하는 여러분께 일독을 권합니다.

중관촌 정밀의학재단 부이사장 장리신

웰니스·치유 트렌드 2026

2025년 9월 1일 초판 1쇄 발행

공 동 저 자	추영준 고운실 이재원 고한철 허동수 김세규 김병윤 황연재 박미량 김주원 장은주 박선미 성춘매
디자인·삽화	김지우
펴 낸 곳	W-Times

출 판 등 록	2025년 8월 14일
주 소	서울특별시 서초구 방배중앙로 24 5층
이 메 일	chu9527@nate.com
문 의 · 제 안	02-6949-2006 ｜ 010-6375-7738

※ 이 책에 실린 글과 이미지의 무단 전재, 복제를 금합니다.
※ 이 책 내용의 전부 또는 일부를 재사용하려면 반드시 출판사의 동의를 받아야 합니다.

책값은 뒤표지에 있습니다. 파본은 구입처에서 교환해 드립니다.

ISBN 979-11-993828-0-0 13320